U0746665

仇德树画传

「裂变」的世界

仇德树／图

朱金晨
武佩珧／文

文匯出版社

主编
桂国强
陈平

执行主编
朱金晨

编辑说明

为了推动文化大发展、大繁荣，展示当下活跃在中国画坛上有着创造活力的画家的风貌与成果，彰显他们具有时代气息、生活气息的绘画语言，文汇出版社与上海麦杰珂文化传播有限公司联袂推出“文汇·麦杰珂艺术家画传系列”。

本系列共六卷，六位作家以翔实的素材、生动的描写、精彩的文字撰写了六位画家的传记。有唐明生写林曦明的《水墨·江南·林曦明》，薛锡祥写王宏喜的《画家与海》，贝鲁平写车鹏飞的《一生的追求》，杨秀丽写韩硕的《二十六度画魂》，陆其国写龚继先的《我爱故我画》与朱金晨、武佩珧写仇德树的《“裂变”的世界》。每卷还精选了画家的多幅作品与他们的绘画札记、艺术评论，并配有创作大事年表、生活照等，让读者全方位地走进画家们的艺术世界。

目录

“裂变”的世界

上卷　人生烙印

或如层峦叠嶂，或如乱云飞渡，或如闲云出岫，或如惊涛拍岸……最是构图上的磅礴大气，迫使你急不可耐地去寻找画家驻守在色块上、线条间的一种美学情绪，一种哲学思想。新世纪的中国，有一种画毫无顾忌地冲向世界，让国内外画坛震惊。它既不是当代的，又不是传统的；它既不是水墨的，又不是西洋的。像是抽象的，又像是古典的；像是机械的，又像是纯粹的。实在无法厘清其画派和图式，或许这就是一个绘画的技法，一个藏在绘画技法里的“蒙娜丽莎”的微笑。然而，为了坚守和创造出这一当代中国革命性的绘画技法，有一个人几乎耗费了他的一生——这个人就是仇德树。从“草草社”的初创，到美国波士顿塔夫茨大学的壁画，再到中国大剧院的画展，上海浦东机场大型的《山水》壁画，乃至世界各地超过六十多个美术馆、艺术机构的展览收藏，最终，他的画以一种“裂变”的形式，如漫出地表的水、冲出山脊的云，在“画”的世界，势不可挡。

有人说这是仇德树对中国山水画的突破，也有人说是颠覆，无论如何评价，这无疑又是一次中国绘画艺术、乃至世界绘画艺术里的大碰撞，是仇德树对自己的碰撞。无论喜欢不喜欢，承认不承认，画家用独特的绘画语言推出的那些大胆探索的前卫作品，实实在在给观众带来难得的视觉享受的同时，又无可置疑地留下一阵阵巨大的冲击波：当代绘画究竟在寻找什么？中国画今日该向何处走？我们的画家们又该如何在这个节奏加快、万象更新的时代中重新构建自己的审美空间？

序

以卓越的才智和创造力给人们贡献了一个陌生而又全新的审美领域——裂变。

——方增先（上海美术家协会主席）

2012年的上海。

这是仇德树应邀到美国举办个人画展，进行专题讲座，风光无限后又毅然决然回到生养他的上海这座城市的第二十七个年头。

又是一个炎热的七月，他再一次迈开有力的步伐，沿复兴东路、西藏南路走在熟悉又陌生的肇周路上。阳光很强烈，走过像亲兄弟般相依的一间又一间开着小商铺的街面房子，在肇周路126弄狭长的弄口，他想起在美国开讲座时，曾自豪地介绍起儿时住过的“这弄里五步有井、十步有树、百步有庙”，于是向一位路人询问：这弄里的井呢？路人答：埋了。这窗下的树呢？路人又答：死了。这坊外的小学呢？路人再答：早成佛堂了。他无语成钉，满心潮起。站在这弄内标着“肇周路126弄4号”的门牌、有着上海石库门典型标志的两扇黑漆大门的门前，他明知故问：仇德树是在这一家吗？“仇德树？我不知道，不过你可以等一会儿，我回家问我的好婆，她会知道的。”答话的是个女孩，其实他是逗着她玩的，女孩说：“我是从浙江来的，暑假来好婆这里住住，想到上海来学习画画……”一石激起千层浪，他是来“寻根”的，她却是来添叶的。从小女孩的一双亮晶晶的大眼睛中，他似乎回忆起什么，瞬间，他笑了。他笑起来的时候眼睛眯眯的就像一个小孩，他是否又想起了他的祖籍也在浙江，是否又想起他在少儿时，就在这个小院里学习画画时的那个模样？是的，在很长一段时间内，他就是这间屋子的主人。故地重游，五味杂陈，自会生出百般情绪。

仇德树身材魁梧、高大，又是一介书生的模样，出门进屋总是喜欢方方正正地戴顶帽子，在大伏天里依然穿一件长袖白衬衫，领口工工整整扣得紧紧的。这似乎是一张普通的脸，但是，如果你留神细看，就会发现他的脸与常人不尽相同：面色红润、饱满如缸，与酒却毫无关联。他说话斯斯文文，慢声细语，画起画来却刀劈火砍。他壮实如山，像个农民，喝起咖啡，却总是要卡布奇诺，很绅士风度地慢慢地加了糖，闻了闻之后再端起慢慢喝。其脸色的庄重，一副不苟言笑的样子，完全就像中国明清时的士大夫，两耳诗声、一心惬意地在梅兰竹菊中喝茶。只是他的一双眼睛，因为一直戴着眼镜，倒是有许多人真的没有仔细地看过。有一次他从阳光下走来，有人问他为何要戴上两副眼镜，累否？他说另加上的一副是墨镜，为了遮阳。不知这是他的简单生活呢，还是他的不拘小节？对于别人的疑问，他总是敦敦实实、慢慢吞吞地回答，没有半点设防和虚伪。

中国文化的传人，大抵都很重视形象和举止，比如温文尔雅，比如彬彬有礼，仇德树当然也很重视，只是他根本没把这些所谓的举止和形象放在很重要的地方，他看重的是他心底下最脆弱和最刚强的东西，就是他的“曾经”和“结果”。

他为了感悟他的“结果”，就在这石库门前，像一个专业摄影师似的，扭曲着身体，毫无遮挡地站在大太阳底下，弓背弯腰地拍起了这条小巷，拍着千百回出现在他的梦里的石库门和红格窗。汗珠不时地从他的额头上一滴一滴地落下，掉在他脚下已被阳光晒了近百年的水泥路上，黑沉沉的水迹在光影中慢慢地化去，倒真的有点像他在美国波士顿塔夫茨大学的校园中心完成的巨幅壁画《裂变—山水》。此刻，谁又知道他就是硕果累累、卓有建树的大画家仇德树呢？

花开有因，落雪无痕。他的这一生似乎就是要把梦里和视觉里的一切“裂变”，都当成他的“缅想”和他所要表达的愿望。他要在“裂变”中解剖人生和刻画人生。他当然也不相信是谁说的“中国的山水国画已到了穷途末路”，但是他更知道要颠覆这句话，他就必须要拿出新一代中国水墨精神的爱恨情仇、山水新命。如果做不到的话，也只好重新回到中国绘画文化几千年来的欣赏大成、语式图境之中，毫无疑问，这是大多数绘画者的必由之路，而且你根本也无法选择。仇德树当然不是圣人，“晓阴无赖似穷秋”，他对中国水墨的改变和焦虑，在他上世纪“草草社”《八十年代画展》中用归朴红印、自然流墨法完成的《超脱系列》1号，和用划破纸背法完成的《心灵的形象》中就不难看出，当时的他已经对中国几千年来的山水定式、水墨流向作出了追问或试答。超脱与超越，虽然是一字之差，然对中国几千年的绘画艺术而言，却有着本质上的区别。超越是超过、胜过，如果一不小心，最多涉及“冒犯”；而超脱，是“脱俗”，正面的是：摆脱，而反面的则是：背离、反叛，就不是“最”而是“罪”了。所以有人问，仇德树在他的“草草社”《八十年代画展》中，他的《超脱系列》1号到底要超脱些什么呢？

他似乎并不想被人用我国山水“第一大家”、北宋大画家郭熙的“高远、深远、平远”的御批来形容他的“裂变”，他也对别人说过，他的画好像与中国的唐诗和宋词并没有太大的关系，反而像现在的充满意象的朦胧诗。但更多的人认为，他的“心境”、“官场经历”或对“画”的理想倒是挺像陶渊明的，比如他的画对一种超然的明净和空阔的追求，比如他与官方无牵无挂而始终保持的一种平静和安然。虽然他们也有不同的地方，比如陶渊明欢喜饮酒，他却喜咖啡，陶渊明酒后写下了“采菊东篱下，悠然见南山”这样表达物我两忘的千古绝句，仇德树却在咖啡后用未经打磨、刚从河里捞起来的鹅卵石完成了一幅《纸本·红印》图。他们这种爱山爱水、出于自然而又感悟人生的意境，在纸上看来是大致相通的，只是陶渊明偏向于清静无为，仇德树偏向于付诸实践。由此看来，有人说仇德树的画是“颠覆了中国五千年的山水图式”的话语是有所偏颇的，陶渊明的诗和仇德树的画在真正的艺术探求方面是存在深刻而内在的“同源”和“契合”的，严格说来，仇德树的山水画，并没有远离中国五千年的水墨之道，更没有偏离中国五千年水墨之道的美学理想，仇德树对山水的赞美和崇敬是真诚的，只是他在表现手法上，创新和发现了另一种全新的过程和媒材，使他的山水与历史上的水墨相比更具有一种震撼，一种狂野，一种近乎于疯狂，好像只有经过裂变才能出现的一种完美，一种意境。因此，仇德树骨子里的传统和历史，是他的“裂变”而成的画无法抹去和掩盖的，他“裂变”的出现，如果说是当代的偶然，那么一定也是历史的必然。

写到这里，我又油然想起第一次与仇德树相见的情景。那是今年春节后的一日，我因要编这套画家丛书，受桂国强先生之托，在共和新路一家饭店，邀请了海上一些书画名家小聚。当天晚上六点，王宏喜夫妇、周长江、车鹏飞、丁申阳、任耀义都应约赴会。时至六点半，就在大家畅怀把盏之间，随着一声“对不起，我来迟了”，只见阔步进来一人，头戴黑色礼帽，身穿黑色长大衣，双手合拳，向大家致意。身边的张振雄介绍：他就是仇德树。

这让从未见过他的我大吃一惊。在我想象中，仇德树怎会是这样一个穿老式衣着的人？他的人与他的画对不上号，我甚至怀疑他不是画那些让我震撼的“裂变”的画家。

我想，即使今天，还会有人与我一样，在第一次见到仇德树时印象并不深刻，他的衣着举止太正宗了，近乎传统的古板。还有他的言谈不时带有明显的停顿，不那么流利。但又有谁能小觑这样一个当年区文化馆里的小小美工！

法国作家塞利纳曾说过：“在一个时代里，文学故事满大街都是，但能够开创一种文学格调的人，也就那么几个。”

我们以为仇德树当仁不让地就是那么几个！

而写仇德树，当然要从肇周路开始，他一生中走过无数次的肇周路。

写在"裂变"之前的肇周路

仇德树已经重新确立了两千年来在纸上用毛笔、水墨绘制中国画所沿袭的旧技法，并把它与二十世纪的各项新发明合并了起来。他已做到了使用一种他自己所创造的使古代的美术词汇转变为完全现代情景的语言，以表达他最深的内心感觉。仇德树以熟练掌握的卓越的技法来表达他的情感，而他的作品是对当代美术的一种真正的有独创性的贡献。

——琼·柯恩（美国艺术史学家）

1948年是一个平年，农历戊子年（鼠年），同时也是民国三十七年。在这一年，英国制成世界第一架喷气式客机"哈维兰彗星"号试飞成功，还有一个叫伽莫夫的美国人提出了宇宙起源的原始火球学说。也是在这一年的年末，美国大选结束，杜鲁门总统获得了连任。当然，在1948年中国广大而又深远的疆土上，更是两大阵营、两种命运在辽沈、淮海大决战的一年。这一年的8月，著名散文家朱自清留下了他的《背影》《荷塘月色》等脍炙人口的散文之后在北平走了。10月，丁玲出版了颇有争议的，在九年后被戴上反党、右派帽子的描写土地改革、山乡巨变的长篇小说《太阳照在桑干河上》。这一年的世界，可以说这一年的天上人间，包括人的宇宙观、价值观、历史观、权利、地位、等级，仿佛无一处不发生更改，无一处不发生抗争，无一处不发生裂变。

为什么要在这里提到丁玲呢？因为丁玲写在《太阳照在桑干河上》前言中的几句话，正契合我们这篇评传想中要告诉读者的话，丁玲说："我接触过各种各样的人，其中大多数是农民或农民出身的人，我也见过更进步、更了不起的人，但从丰富的现实生活来看，在斗争初期，走在最前面的常常也不是崇高、完美无缺的人，但他们可以在这里前进，成为一个崇高、完美无缺的人。"丁玲的这一段话，说得特别的实在和中肯，特别是最后的几句，也是我们想告诉读者的几句话。仇德树以一个画家一生的打拼、沉寂、梦想，到因发现和开拓画的"裂变"，把画的形式带向了"视觉更为享受、精神更为丰厚、人心更为震撼"的"新世纪"。仇德树的画无门无派，既不像大家熟知的《梦娜丽莎》式的油画，又不像明清八大山人留下的水墨，但是几十年来，他在改变和改造画的技法、画的传统、纸的运用这一方面，确实是走在了前沿。不知道什么原因，仇德树在中生代画家的群落里，总是游离于圈子之外，独立于画坛派系之外，不愿投入那些流于形式，把画的门派、地位作为标签的某些艺术团体的怀抱。仇德树就像丁玲这篇小说中的一些人物，但一时又很难对上号。我们喜欢这样的人物，由于工作的关系，笔者曾和许多画家有过一起生活和共事的经历，熟知他们为画付出的艰辛与激情，也曾与他们一起探讨和追问过画和画的不同，人与人的区别，以及他们为画而生、而活、而痛彻心肠、而神采飞扬的侠义人生。可这次写仇德树，画家中特殊的一个，凭以往经验是远远不够的，但又须将他当一个普通人来写，将他的生活真实地留在纸上，写出人情味来。尽管仇德树足可被写成一个光彩照人、功德圆满的大画家，尽管这几十年来，他的画已被多处收藏，他仍涓涓如一小溪，默默地为了他的“裂变”流淌在梦和画的高山大川之中，苦苦地思索着怎样为画的创新，用一生的时间耗去自己毕生的精力。这样的行为，在当下社会非常物质、奔忙异常的喧嚣和涌动中，足以凸显出一个画家的功力和不平凡，就此而言，仇德树也实在是一个不可多得的人。

我们不是画家，迄今为止，我们甚至仍然无法有效地分辨近代或古代的山水，现代或当代的国画，所以我们更无法指认画的虚实和长短，但仇德树为画的裂变而忘我、而愿意付出一生的精神感染了我们，我们也愿意把仇德树的故事用画家评传的形式告诉大家，这个故事的名字就叫《“裂变”的世界》，而仇德树出生的那一年，正是1948年。

而这一年，世事如画，全中国和全世界一样，从天上到人间，都在发生着巨大的裂变。

有着过街楼的志成坊

仇先生的画则是宣纸代笔墨、宣纸即笔墨，不仅拓展了宣纸的新的作为空间，而且是对水墨画绘画方式的一种新的探索……在仇先生的裂变艺术作品中，裂变不仅是天崩地坼，而且是能量的迸发；裂变不仅是突变，而且是时空的跃迁；裂变不仅是感情的袒露，而且是持久的从容；裂变不仅是诀别，而且是一种新生……仇先生对于裂变艺术的探索担负起了文化责任。

——陈燮君（上海博物馆馆长）

现在，上海这座大都市里，经过动拆迁，不要说石库门老式里弄少了，带有过街楼的石库门里弄更是少之又少了。

志成坊就是这样有着过街楼的老式里弄。它座落在早先的卢湾区里。

黄浦江自西蜿蜒向东，人称百里十湾，而其中的“卢湾”得名于“卢家湾”。旧时肇家浜自西向东，折向北流，转弯处浜畔有卢（罗）姓居住，故名“卢家湾”。在上海开埠之前，沿浜已是商业、交通、作坊的中心，为县城外的繁华地带。进入近代以后，由于法国天主教在徐家汇兴建教堂、修筑马路，这里纵横交错的林荫道，错落有致的建筑物，底蕴深厚的人文、历史沉淀，吸引了海内外众多的文人墨客、知名人士，巴金、梅兰芳、柳亚子、郭沫若、徐志摩、郁达夫、刘海粟、丰子恺等近代几十位享誉海内外的学者、文化人、艺术家都曾在此生活和工作过。当代风情万种、精致高雅、引领时尚之风的新天地就在这一地段的路南。因此，沿复兴中路、西藏南路北上的那一片地区，史称北卢湾。近百年来，北卢湾一直是上海尊贵和时尚的坐标。这里曾经是旧上海的法租界，也许正因为如此，它也被赋予了欧陆风情的典雅与法式的浪漫。古典与现代，东方与西方，北卢湾用一份独特的包容与和谐使之融会贯通。而离此仅有百米的肇周路126弄（志成坊）4号的石库门，正是本文主人翁仇德树1948年的出生地。

志成坊建于1926年。1926年的中国天下大乱，这一年的5月，毛泽东在广州主办第六届农民运动讲习所；8月，鲁迅先生因支持北京学生爱国主义运动，被北洋军阀政府通缉；10月，叶挺率领独立团和他的北伐军连克了汉口、汉阳，占领了武昌城；鲁迅先生的《彷徨》和《呐喊》也是写在那一年，可见1926年的大上海和全中国一个样，是何等的风雨如磐。仇德树一家能在1948年就住进了建造于1926的石库门，可想而知，是一个比较殷实的家庭。不知这是否奠定了他日后偏于对精神的追求而少于对物质关心？仇德树曾经告诉过别人："我家住在这个坊子的前弄堂，我小的时候，父亲开一家帽子店……"让听者马上想起了古人云："冠虽敝，必加于首；履虽新，必贯于足"的话，由于深受当代物质社会的影响，有人赶忙问仇德树：还记得这帽子的品牌吗？是民族的？还是西洋的？仇德树笑了，说："我记不清了，应该是民族的吧，我记得有些帽子里边的檐和圈是需要纸衬垫的。母亲欢喜绣花，她绣花又快又好，常有人来向她讨教，看她绣出的花样，是美的享受。隔壁开的是一家小染坊，再过去的几家是做纸盒子和袜子的作坊。"他如数家珍般地告诉别人：已成为中国象棋大师的胡荣华小时候就住在这个坊子的后弄堂，还有以写海洋而闻名的作家童孟侯是住在这个坊子的中弄堂……一言未毕，我们忽然感到这个“志成坊”还真是一个藏龙卧虎之地，一共只有三十几户的石库门，就在这个坊子的前、后、中藏了一个“棋”王、一个“字”王、一个“画”王，如果这个坊子再大一些，还不定要生出了个谁来。

此刻的仇德树就站在自己的老家门口，他举起手来，迟迟的就是不愿意落下，我们说：怎不敲门进去？他咕哝了一句，没听清楚，好像是说了一句：“恍若隔世。”仇德树说：“早先这弄堂的山墙上应该没有这么多的窗，我记得很清楚，在这坊子北边的人家开店的好像多一点，朝南的好像做工的多一点。这门前三尺的地方是我小时候经常打乒乓、斗蟋蟀的地方。”仇德树打乒乓中学里上了校队，养蟋蟀是远近闻名的“山大王”，最多时养过上百盆蟋蟀。他喜爱蟋蟀在搏斗时的王者气概，这种气概可遇不可求，“是大美，是大痴”，斗蟋蟀就是欣赏它的王者之质。“而门后三尺的地方……”仇德树忽然语塞，说他也记不清了。那时，他印象中的石库门院子里的墙壁上，挂着的好像都是要用于制作帽檐和衣裤的纸样，有风从门外吹进，他感觉这纸张都在微微飘动。墙上有一大片的地方，他画满了坦克和卡宾枪。阳光从屋头上直落下来，他说从未感受到这院墙上挂满的这些纸张，在太阳光下能显示出如此宽大而又深刻的影子。“是否因为这纸，或这纸留下的阴影，才触动了你画画的神经？”有人问。他摇头，说他不知道，又道：“或许是我常常见到纸张的原因吧，真的不知道是为了什么，从小我就对纸张产生很大的兴趣，不是把它撕了做个动物，就是用笔在上面涂个兔子、坦克什么的，父亲见了也不说什么，因为小时候，尽管我是老三，上面还有两个哥哥，但我非常调皮，还欢喜打抱不平，不懂事，隔三差五的在外闯祸，和人打架，为了不再让人来家告状，我父亲也愿意让我就在院子里的墙壁和纸样上划来涂去。时间长了，我家有个做中药生意的亲眷，看我如此欢喜画画，每次来时，都带来一大叠包中药的纸让我涂涂玩玩。如果说我是什么时候真正开始学画，或者说有了学画的念头，我想大概就是这个时候吧。”

建成于公元1926年的卢湾区志成坊，这个有着长久历史的老字号弄堂，大概做梦也不会想到，要被刚将卢湾区合并掉的黄浦区给拆了，当然，它恐怕更加没有想到，近百年来，在这个只有三十几户的坊子里，竟然走出了一个精于“车马”的大棋王、一个精于“文字”的大作家、一个精于“裂变”的大画家。是谁说过：“你的眼睛是蜡，能把你心中会燃烧的东西点燃。”真是这样的吗？

仇德树告诉我们：很多时候，有事没事的，出于感情的需要他会来这里：那条儿时走过的老街，那道儿时出没的老弄堂，那幢儿时嬉戏过的老房子。有时陪老外来，有时陪记者来，有时独自一人来。一来常是好半天时辰。他最爱的是静静地站在远处，默默注视着这里，留恋着坊前的过街楼，宅前的石库门，还有路边的那座小菜场……是的，一切都会消失，行将消失，或早已消失了，一切不会再有了也不会再来了，那个时代已追随着自己天真的足迹永远过去了！

那天，与仇德树并肩伫立在小街上，他没有说话，但从他溢出情感的双眼中，我们听到重重的感叹。遗憾的是，那天我们只顾追随着仇德树穿街走巷，摇环叩窗，探寻岁月留下的痕迹，竟忘了请他一起寻觅，当年他画在墙上的那些画，刻在地上的那些画。仇德树夫妇曾愉悦地告诉我们：童孟侯写了一篇关于志成坊的文章，刊登在《新民晚报》的副刊“夜光杯”上，写得很是钟情，也很有趣，十分感人，让他们也不由得从童的字里行间在梦里又回到了志成坊。

后来，仇德树从那里走出，他不会想到：画家之路迈出的每一步都是艰辛，曲折。原来当画家很难呵，当一个有出息的画家更难。像他这样生性乐观的人，蹚过了许多泥沼后，深感人生之路、艺术之路不好走呵……

卢湾区611地块的拆迁办公室

仇德树的“裂变”，不为传统文化和强大的西方文化影响所囿，从而达到对传统单一水墨形成的解构和向现代水墨的方向转换，真正形成了对水墨画传统的大“裂变”。

——方增先（上海美术家协会主席）

复兴中路155号，当年的复兴中学第三小学，现在的卢湾区116地块(东块)动迁办公室。站在这间办公室不大的天井里，仇德树抚摸着光洁的红色梁柱，喁喁地满心感慨：要拆了，连这里也要拆了，还好今天来一下，下一次来恐怕就看不见了。问他曾在哪一间教室里读过书，他没有回答，却深情地环顾四周，顺着他的目光望去，是不大的天井和几层清一色红漆小阁木窗。仇德树说：“要说我真正开始懂得绘画的时候，是在这里的三年级，大概是1958年吧，正是热火朝天的‘大跃进’时代，父母工作都非常忙，根本就没有时间顾及到我们，因此，学校为了充实我们的课余时间，成立了大量的兴趣小组。我欢喜画画，老师就让我参加绘画小组。我第一次见到所谓的油画，就是有一次老师带我们去卢湾区文化宫时见到的，那是一幅什么样的画已经忘了，就记得有辅导员老师对我说：你想学油画吗？只要有工料我就教你。我父亲知道了这件事后，立即让我哥哥去第八百货买来工料，从此，我就开始学习油画了……”他好像是自语着，又好像在对着庭院里的墙壁说：“走不回去了，如果能回到从前，如果能找到这位辅导员，我一定会好好地谢谢他，可以说在我的绘画生涯中，他就是我的第一个启蒙老师了……”他不胜感慨：“到六年级以后，我才遇到第一位真正的老师张之尘，他是中国著名山水大师王一亭的学生，上海松江人。”张老师谆谆教导仇德树：画油画要从素描开始，画素描要从笔画开始。那一晚大雪纷飞，老师把他送出校门，就在校门外，老师望着漫天的大雪忽然间就这样告诉他：画山水要身在山水之中，画万物要心在万物之间。为画，不能置身于画外而置画的心神而不顾；为人，不能只看到人的表象而忘于人的内心起伏。好的山水，不会因暂时的风雪而消失；是真山水，一定会为真的风雪而坚强。显山露水，或许是一种运气，咬定江山，才是一个人的真性情。可惜仇德树那时太小，并不懂得老师告诉他的什么“显山露水”、“咬定江山”的这些话，尤其是不明白，这位一生推崇石涛的老师，为什么不许学生马上去走石涛的路子。后来他才明白，这是老师对他们的一片苦心，认为他们“年龄太小学历太浅”。

1963年的下半年，张老师终于同意他学石涛了。仇德树一放暑假，借了张老师的石涛画册，在家疯狂摹习。仇家天井里朝北的那面墙壁，直到现在，仍留着密密麻麻的小洞和墨迹，那是当年他用的图钉和临摹石涛的皮纸留下的。一天，张老师看着他摹写的石涛手卷，终于笑了，这次先生一点都没帮他修改，而是给仇德树题了一幅墨宝：“仇德树跟吾学画未及年余，学石涛笔意达如此成绩，实可喜可贺也，该生资质不低兼具勤学之功，故题数言勉之。”他的题词让仇德树及其画伴们都大受鼓舞。可惜题词在“文革”动荡年代和以后的数次搬家迁居中遗失了；而可喜的是，他终于找到了那条在1963年学习石涛的手卷。现在看来，那画还是很有功底，可见张老师帮他打下了多么扎实的基础。

张之尘老师的最后岁月是令人难忘的，那是仇德树迎接高中考试时一个特别寒冷的日子，像往常一样，他周末又去张老师家学画。但是一推门，老师竟然躺在床上，脖子上缠着纱布，据说是受到批判后“自杀未遂”。于是整整一个月，仇德树每天上学之前提着一瓶父母帮他烧好的粥送到老师床前，以尽学生的一片心意。后来，老师的女儿闻讯从外省赶来将老人家接走了。临别之前，他把自己珍藏的一幅画送给仇德树。仇德树知道，那是老师对他绘画生涯的最后鼓励与鞭策！这幅画被老师视认为是一生中最为得意的佳作，画的是上海豫园假山上的一座“望江亭”，它在秋天里的山上，望远听风，清骨守静，廊外尽管有乱云飞渡，枯叶飘零，但天边仍有一抹红晕，虽然仅有几丝流于画的一角，不定睛去看，你还不容易觉察到。但仇德树知道，这样的鲜红绝不会淡出岁月或者是融于晚光。从此，仇德树把它挂在书房的案头，当他望着它的时候，总觉得在这幅豫园假山石的背后，在高高的望江亭上，有老师在望着他，“仿佛在期待着我为他做些什么”。十多年后，仇德树发觉了“裂变”；又过了十多年后，才悟出了这抹血红，“其实我的这位先生也在等待着我的‘裂变’，等待着岁月的‘裂变’，等待着情感的‘裂变’……”当然这是后话——就像是谁说的：如果，我们有必要溯源而返，回到“裂变”艺术原初那丰富而朴素的构成，回到那墨色浸染、烙在心灵深处的痛觉和那纸帛撕裂激荡天地的震撼，才会深深了解，那些粗粝而拙朴的石痕，那些耿直木讷的纹理，连同那些朦胧未显的色韵以及碎片般飘零的思絮——谁能说这些伤痕累累或满是希望的裂纹，对于这美的世界的重建不具有深刻的意义呢？事实也是这样的，仇德树创造了“裂变”之法之后，一天他忽然发现，这“望江亭”深处那并不引人注意的淡淡的血色的一抹，应该说是对于他几十年后发现和创造“裂变”之法是起到了铺垫和引导作用的，那是他人生天际上一道美丽的彩虹。

甚至在以后的岁月中，由于同样的“意识”和“思想”的问题，在仇德树严重面瘫、身心疲惫、戴着口罩面对“政治”拷问时，仍然没有忘记先生留给他的这一抹淡淡的血红，让他相信时空的转换，岁月的更替，和万物的“裂变”，所以仇德树一辈子也不会忘记他的这位先生，他的老师，永远地记着他。那么好的一个人，居然也会受到一场人生的冲击，对于这一点，仇德树当时是百思不得其解的。但他更没有料到，他自己和无数个青年学生，都给无情地卷进了那场“红色”风暴中。

木刻刀下的“红色”岁月

我认为当代美术是愧对仇德树先生的，他为当代美术所作出的贡献，并没有得到很好的评价，也没有得到很好的确认。我想从现在开始，我们应当达成一种共识：我们并不是在推介仇德树一个人，而是在推介一种崭新的绘画风格和一种探索精神。画家很多，现在也是出画家的时代，但许多画家仅仅是一个工匠而已，没有画魂。我觉得在仇德树先生的画面里有他的画魂。因此，不同的人在他的画面里解读到不同的内容。他把自己对生活、对生命、对社会的责任感、认识和感悟全部溶解到画面之中。他的画里最崇高的境界就是对人生的感悟和对生命的体验。因此，我觉得当代美术界应当认真地探索、解剖仇德树这样一个标本。

——王琪森（画家、作家）

仇德树记得1966年以后的那一段时间，那时，学校都在停课闹革命，继而红卫兵上街扫四旧，继而全国东西南北大串联……那时也是他一生中最为亢奋、忙碌、壮怀激烈又什么都不懂的一段时期。他这样给我们回忆道：说来你不会相信，今天有人来抄了我的家，明天我竟然也会跟着一些人去抄了别人的家，为什么呢？因为仇德树尽管有一个开过帽子店的父亲，但是他更是一个会画图和写字的高才生，你想想哪一次的“革命行动”，没有革命的标语出现，没有革命的图像出现？“伟大领袖毛主席的头像我从学校画到了里弄，从广场画到了街道。”以前志成坊的巷子里，窗子没有现在这么多，目光所及好像都是他写的大幅标语和革命口号，大部分来自于《毛主席语录》和报刊杂志的标题，比如“高举红旗、活学活用、突出政治、改造思想”之类的，还有王杰同志、雷锋同志、焦裕禄同志的画像。凭着一腔革命热情，握着一支“红画笔”，到处写呵画呵，仇德树至今想起来有些后怕，幸好标语没有写错，画像也十分逼真，否则后果不堪设想，因为当时不少人在这方面吃了苦头。我们知道他说这些的目的，只是说他的所谓艺术生涯在那一段岁月里得到了极大的锻炼和提高，就艺术而言，他还得感谢那一段岁月。

在那一段极为亢奋、终身难忘的岁月里，有一位摘了右派帽子的、在图书馆工作的老师，看他在搞“革命运动”中心存善念，总是尽力帮助一些“坏份子”，每逢低年级同学将老师拉出去“文攻武斗”，他总是挺身而出为老师们解围，很欣赏这位学生为人的正派和仗义。这位老师见他喜欢画画，于是两人私下常进行绘画交流。随着运动越搞越大，平时小心做人的老师也难逃厄运，在老师被关进“牛棚”之前，送了他一把木刻刀，让他学会了木刻。后来，仇德树就用了这把木刻刀，刻出了许多英雄头像。直到现在，想起这些往事，仇德树仍唏嘘不已，真是天昏地乱，才会出这等怪事。所以，在学校的红卫兵团看他有一技之长的份上，把他也推为了红卫兵的一个负责人之后，他干的第一件事情，就是用了种种理由，将关在学校里的所有“牛鬼蛇神”放了出来。至今，学校一些老教师们还记得这些事，感谢仇德树让他们少吃了不少苦，少受了不少罪。“其实，当时我的思想并不是有多么的崇高，我只是在想：为什么被红卫兵小将关着的都是一些好人，而且都是一些有本事的人，包括送我那把木刻刀的老师，他们才是一个个真正的老师，是他们让我懂得了什么是素描,什么是木刻,什么才是真正地做人，什么才是高尚的人品，如果没有他们,我们会变得一无所知。所以,我们应该尊重、保护他们……”

三好中学的六八届高中学生善文学，六七届高中学生善美术，在学校的红卫兵小将一个个摩拳擦掌地准备军挎包、红宝书去扒火车、大串联的时候，仇德树等一批搞美术的同学，却在学校打通的两间教室里，经过三天三夜的精心准备，油印了一本小册子，举办了他有生以来的第一次包括速写、素描、木刻、水粉画等多种形式的《红卫兵保卫毛主席、革命路线画展》。

画展规模虽小，倒也吸引了本校甚至外校不少同学来参观。这次画展对于仇德树来说，展出的内容是无所谓的，重要的是对他高中时代的一次检阅，至今他仍可以自豪地说：回首那个不寻常的年代，他没有虚度自己的青春年华。

“现在回过头来看，在那么一段‘红色’的日子里，如果我没有得到那么多老师、特别是那个送我木刻刀的老师的教导，要让我在以后的日子里，忘我地投入到中国的绘画艺术、中国千姿百态的绘画门派、中国琳琅满目的绘画风格中，去开创和迎接我为之几乎耗尽一生的绘画中的‘裂变’，几乎就是不可想象的，或者根本就是无从谈起的。”

因为那一段难忘岁月，让他在以后的日子里更认识到，他所崇仰的先生们和他们的画，留给他的是如此巨大的艺术宝库，尤其是一笔巨大的精神财富，因为他们让他见识了中国山水的伟大，中国哲学的精神。绘画似乎让他认识到了“人”的表象和内在的“活”的真谛，绘画成了画家一生的追求和梦想。“是绘画改变命运,还是命运决定绘画？是因为画的美丽，还是因为对于命运的妥协？我选择绘画，从现在看起来是因为有太多的经历,它就像一辆火车,轰隆隆地朝我开来,里面装着太多的让我感动和让我不得不常常去想的人和事，命运告诉我说：你应该踏上这辆火车。我懦弱，我无法回避命运。”仇德树说，他正是在“全国山河一片红”的非常年代，彻彻底底地爱上了绘画，从此不再回头，也无法回头了，就算前面是海，也非得一直走，走进那万倾波涛中。

水与火的工人创作

从1980年代起，对仇德树的作品关注的人越来越多，大家谈的已经不是对他作品的讨论，而是仇德树现象。“新潮美术”过时了，但仇德树作品还在影响我们，并进一步影响世界，这就是我们应考虑的一个问题。

我认为仇德树的作品应归入水墨。中国水墨应归为三个节点，都是开一代新风的：一是吴昌硕的海派绘画；二是林风眠代表的中国现代水墨；三是仇德树代表的当代水墨。这三个节点都在上海。

——张平杰（纽约莱克基金会高级研究院）

1968年，仇德树怀揣一颗对于绘画无比憧憬、向往的心，被学校分配到位于上海蒙自路、五里桥路的上海轻工业局下属的上海华生制革厂做大炉工。蒙自路、五里桥路也是现在的卢湾世博滨江板块，如今周边有许多漂亮的花园和街景，黄浦江就在身边。然而1968年的蒙自路、五里桥路可不像现在这个样子，而是一路烟囱林立，污水遍地。仇德树没有想到的是，他所在的华生制革厂环境更是糟糕，整车间的让人窒息的酸碱水池，满鼻孔的酸碱臭味。所以，当有人把他带到大炉间的时候，他就像又发现了一幅好水墨一般高兴，因为尽管是三班倒，尽管在大火炉面前一天下来也是满身的臭汗，但他仍然庆幸，每天只要把大炉的水装满了，不要把大炉的火熄灭了，就又可以静下来看书、画画了。于是他倒也能安下心来，一边烧他的大炉，一边刻他的版画，画他的素描。仇德树总是这般对生活充满乐观。其实，笔者朱金晨也曾在学工时去化工厂干过大炉工，那活儿又重又累，尤其是每到清炉渣时，面对炙热的炉膛，得舞动一根又粗又重的钢撬棒，对着炉排上结着的厚厚炉渣不停地撬动，待到清炉以后，又用大铁锹将煤块一锹锹地送进红红的炉膛。一天下来大汗淋漓，工装干了又湿，哪里会有仇德树这样如诗如画的心态。

然而，如火如荼的文化大革命并没有让他这种纯粹、简单、而又沉重的“好日子”过得太久。当时的轻工业局头头正负责管理上海美术界的日常事务，他自然懂得，要负责上海美术界的“文化大革命”，就必须有工人阶级队伍中的美工才行，于是就在全市搞了工农兵美术创作学习班。仇德树是个工人，而且是一个“粗壮高大”、战斗在生产第一线上的大炉工人，在他们看来，是属于“自学成才、有基本功、无名师恶源”的，看起来可以培养成一个很好的工人美术家。仇德树最晚接到通知，工厂领导隔天才让他去那里报到，因为那里的老师发现在先来报到的学员中没有人会画画，而一个工农兵在没有任何绘画基础的前提下，在短期培训中是搞不出任何创作的。仇德树一去无疑“鹤立鸡群”，显示出与别人不一样的地方，他的速写、素描等作品一眼就能被认出来，“仇德树画的东西就是讲究味道”。

他第一次去的时候是1970年。那时布置大家画一本连环画，老师就带他们去七宝镇画速写，收集素材。一画速写，仇德树对形体敏感的才华就展现出来了，作品常常被作为范本在学员中传看。1970年的创作学习班分成两个班，一个是宣传画班，另一个是连环画班。他被分在了连环画班，这是上海美术学校和上海美术出版社合办的。连环画班主要有两个教师，一个是陈家泠，从不画连环画，他是美校的老师，教授技法；另一个老师是人民美术出版社派来的郑波。他们的一个身份是老师，但另一个身份却是“臭知识分子”。一提郑波，我们当然感到亲切，他的女婿是诗人许德明，如今也承接丈人衣钵，开起画廊来了。郑波老师是一个话不多但很有水平的人。有一次，郑波与仇德树一起离开美术学校回家，路上，郑老师提醒仇德树：“你可以画得很好，但是你要小心，太追求形式感会给你带来麻烦。”因为在当时追求绘画形式会被认为形式主义，是一种不健康的艺术方向，形式主义、抽象主义都属于资产阶级的东西。郑老师是出于关心仇德树，才趁着两个人在一起的时候，好意提醒之。这句话让仇德树印象深刻。郑老师没有想到三十年之后，他的女婿如今搞的一套正是以往被反对、被批判的东西，而且在形式上比当年更胜一筹。当然三十年前和三十年后无可比性，但从中可见仇德树一开始画画，就力图挣脱那种僵化的艺术思想束缚。

对于郑波先生的关爱、怜才，仇德树至今说起来很是动情，一位平日小心做人，说话也从不有半点出格的，一生本份做人的老知识分子，即使处在那种大气候下，还是不忘对后辈的扶持、提携。后来，仇德树的遭遇果然验证了老先生的担心。

经过学习班培训的学员，有些有能力的不是到了出版社，就是成了美术界认可的专业工作者，但仇德树却没有受到命运如此“宠爱”，因为在艺术的王国里，他希望追求自由的艺术感觉，在表现“革命题材”方面总显得不够纯粹，太随心所欲了。我们看过仇德树的一幅速写作品《睡觉前的课题》，是他在工农兵创作学习班体验生活时创作的，现为上海美术馆收藏，画得很有生活情趣，人物造型十分逼真，线条也十分老到，寥寥几笔，就画活了一个人物，很见功力。

按照这个水平，仇德树早该出来跻身到当时很红的那些青年画家行列中去。在访谈时，我们没有说出自己的想法，仅是点了几句，仇德树也没有回答，只是默默端起咖啡杯，喝了一口苦苦的咖啡。有道是性格决定命运，他若是顺从当时的画法，那么也不叫仇德树了，也不会有今天的仇德树。

亏得那时区里需要绘画人才，仇德树得以从华生制革厂调进了在当时颇有名声的卢湾区文化馆，主要从事宣传画的创作工作。收到通知的那一刻，他整夜无法入睡，庆幸自己终于脱离了火炉，脱离了碱池。其实，他根本就没料到，在他离开华生制革厂的大火炉之后，才是被真正地投入到人生和社会的大火炉的开始，在这个大火炉里，他的身心将遭受一生中最大的冶炼和锻造。

七十年代中期，这位无意识地被时代引导的工人画家的作品被选入全国美展，作为工人阶级的代表赴京参加开幕式。但是，在那气派恢宏的国立美术馆里，他所看到的几乎都是“高、红、亮”的标语口号式的图解性作品，他感到深深的迷惘和气馁：我所崇拜并愿意为之奉献一生的艺术难道就是这样的吗？就在这荣誉桂冠加顶的一瞬间，他突然产生了强烈的不满甚至反叛的情绪：艺术不应该是这样的！艺术不是那么容易的一件事情。但艺术到底是什么？当时他也搞不清楚。后来，经过好几年的徘徊与思索，他终于想出了这样一句口号来表达自己的艺术追求——“理想主义的自由表现”，并把它书写多幅，挂在家里当作座右铭，这也许就是后来他蕴育出“独立精神，独特技法，独创风格”，所谓三独精神的滥觞。此后他着手组织“草草画社”，它是中国当代美术发展史上一段不可忽视的历史。这中间经过了四五年的风雨历程，也是仇德树进行大量所谓“水墨实验”的时期。

按理说仇德树从厂里调到文化馆干美工，与自己的专业对上了口，总算有个不错的岗位，只要干好分内差事也笃定能守住这个铁饭碗。一到美工室，他就把“理想主义的自由表现”作为座右铭贴在一个不引人注目的地方。但不久又分配来的一个工农兵学员出身的美院高材生，很快打破了美工室的宁静。起先这人未说什么，对着这条标语仅是不屑地笑笑，待到做了美工室的头头，便“一阔脸就变”，让仇德树把那句标语拿下来。仇德树虽心有不甘，但在那个年代，也只能强咽下这口气，一场小小的风波随着他的让步悄悄平息了。可仇德树万万没有想到，因为执着地追求理想主义的自由表现，日后会有更大的风波向他袭来。

天主教堂里的画工

仇德树的创作开始是一种野草性、边缘性的，具有非主流精神、独立精神，现在进入主流，相信他是洁身自好，头脑清醒的，仍然会坚持野草性、边缘性、非主流精神，创造出真正有力度的、具有贡献性的、有创造性的作品。

我认为仇德树的“裂变”是个“反审美”的概念，不是一个简单的审美概念。这个“裂变”是具有悲剧意识的。“反审美”精神是独立精神的核心。现在好多东西审美走向精致、走向精巧，小桥流水、花花草草。我认为是精致、精巧把绘画推向了失败。仇德树应该继续回到“反审美”的起点，真正保持一种独立精神——“裂变精神”。

——陈孝信（美术评论家）

仇德树不信奉天主教，但他一生中偏偏有好几年像个牧师似的待在天主教堂里，说来那也是一件奇谈，也只有在文化大革命那样的年头，才会发生那样的事。

座落在重庆南路270号的天主教堂，正式称谓伯多禄堂，始建于民国二十一年（1932年），为震旦大学天主教徒师生专用教堂。该堂为拜占廷式建筑风格，中央有大穹窿，弥撒间后面有五座边祭台，正面一侧有方形钟楼，可容纳一千余人。“文革”中教堂被关闭，并被仇德树所工作的卢湾文化馆征用，从而让他在这个教堂的一隅当上了画坛的“传教士”。

2012年的7月9号的下午，最高温度达到38度，是个大热天，仇德树又来到这里。有人问他，这教堂底层中的哪一间房间是他当年的美工间，是现在的唱诗班、钢琴室，还是成人慕道班？他不时抬起头来看着屋顶，又不停地在教堂底层的过道中来回，好像有着非常的困惑或者忧伤，他在一间又一间的房间门前不住地轻轻摇头，好久才嘀咕了一句，好像是说：在哪儿呢？他不停地擦着头上冒出的汗，仔细查看教堂底层的每一间房子之后，又走到室外，一直走到了教堂的后面，这次仇德树才大声地说出来：“不对，这教堂被重新建造过了！”（后来他回去查了一下，这教堂确实在1994年因成都路高架建设被拆迁重造。）过去这教堂的后面还有一座花园式的墓地，“文革”时，墓地遭到破坏，在花园的边处，松松散散地堆放着许多墓碑。而在他最消沉、最无奈、最失望的时候，这些墓碑曾经陪伴和安慰过他，助他度过人生中最为困难的一段时间——起因皆是由他为核心的十一位画家，在七十年代末、八十年代初以“草草社”的名义举办了一次画展，并提出了“三独立”原则。其实这“独立精神、独特技法、独创风格”的画展原则，是仅对画家的技法而言，并没有任何政治上的企图或野心，所谓的政治“独立”，而且，画展是在他工作的文化馆、又是在他的努力争取与领导的积极要求下举办的。

画展能够举办，用仇德树的话来说，是得益于当时的中国大环境。文化大革命结束以后，一切搞艺术的人，包括画画的人都很振奋。得益于在文化馆工作的便利，当时在仇德树身边团聚了一些社会上比较活跃的画家。大家一边筹备画展，一边热烈讨论，都在关注中国艺术将来的发展道路。那时的艺术氛围十分浓郁，有时大家谈到夜深还不愿散去。但形势突然发生了变化，迫于外界的批评，领导一改先前的态度，也不再支持他们的画展了。原计划要去福建、浙江两地展出的画展也不了了之。仇德树承受着巨大的精神压力，承担了别人强加给这次画展的一切不实之词。他无法解释，也解释不清，精神高度紧张，在一次又一次无辜被人质询、一次又一次长夜无眠之后，他面瘫了，右眼和右嘴角无法合拢，就是戴上口罩也无法阻挡泪水和口水的溢出。每次开会，他总是坐在会议室的最后一排。就是这样忍气吞声、与世无争了，还是无济于事，仍然有人要求他用含糊不清的语音去回答、去解释他为什么要“寻求独立”。

在这些苦闷、彷徨的日子里，他常会走到教堂后面的墓地里，坐在石碑上沉思。一天，对着石碑上留下的裂痕，他突然眼前一亮，这不是世界上最动人最美好的悲剧性笔触吗？！也可以说，这偶然发现的石碑的一道裂痕，对于苦苦寻求变革的画家来说，犹如一道闪电，从此他踏上了水墨艺术“裂变”的不归路。幸好当时他的这些发现，这些想法没有让别人知道，只是藏在自己的肚子里，否则又是一桩罪行，不好好接受群众的批判，还在搞个人奋斗的一套。好在经历了那么多的锤打以后，仇德树已经有了抗压能力，并在逆境中还发明了一种私人化的“行为艺术”，就是在散步时，有意晃动双臂,左臂定名为“牺牲超脱”，右臂定名为“焦虑恐惧”。在走动时，摆动左臂就念左臂名号，摆动右臂就念右臂名号。这样每走一步，就默念两个名号“牺牲超脱”、“焦虑恐惧”。半个小时散步下来，感觉好极了，神定气闲。也只有他这样生性乐观的人，才会想出这样调整自己情绪的法子。仇德树曾这样对友人说过：他有一个特点，那就是对人生、人情和人世充满热情，即使遭受苦难曲折，他也不改变这个特点。

每一个搞文化的人都会记得1978年，即使我们这些诗人所在的各个区的诗歌创作组也是一样创新求变，那个时候的诗歌创作好像也大都把“民歌”体甩在了脑后，许多朦胧诗和现代诗已经蜂涌而至，在文化馆每一次的诗歌创作中，诗人们的心仿佛都是燃烧着的，充满着“被压抑、被激发”的冲动和欲望。所以1979年仇德树在卢湾区文化馆成立的“草草社”，也一定是非同寻常地激昂和躁动，在“文革”后的历史背景下，艺术的自由和探索，已经达到一定的饱和，该有所突破了，因此“草草社”的成立，在当时的社会背景下，对中国现代艺术的实践和发展，应该说是具有现实的价值和当然的历史意义的。

“草草社”是一个重要的艺术现象，虽然它的早熟和短暂的生命，使它不像后来“八五新潮”中的艺术团体一样成为艺术史专家研究的重要对象，但是，这个微不足道的画家社团的坎坷历程，也正折射出中国现代艺术运动的曲折起伏。“草草社”应该是“文革”后初期，上海民间成立的最早美术创作团体。当时与北京的“星星”画展齐名，一南一北，拉开了中国画坛改革开放的帷幕。1980年2月，仇德树集合了七位上海画家、四位杭州画家，在卢湾区文化馆举办了“草草社”《八十年代画展》。据美国艺术史家琼·柯恩的记载，这个画展是：“他们在卢湾文化馆展出水彩画和传统绘画，展出前一幅裸体画被拿了下来，以免引起争议。这个展览非常强烈，它包括画家们从书上看到的立体主义和表现主义的实验性风格，那些将古代中国技法与新水彩技巧结合的仿佛是最新的作品。”但最有意思的，是这位美国艺术家在这篇文章的最后说道：这个叫“八十年代画展”的展览，是新中国风格的种子。柯恩的这段话是对“草草社”和它的画展一个很有意义的记载，因为关于这个团体和展览，没有留下多少详细的资料，而柯恩的描述提供给我们一个进入它的通道。柯恩对这个展览为何有如此高的评价？它究竟对新中国艺术史有什么样的意义？仇德树说，他也不知道，但是“草草社”为他的绘画艺术打开了一扇能够看得见外界的小窗，为他的“独立精神”增加了巨大的思考能量，为他的人生道路带来了一次非常重要的“心灵”转折、灵魂“裂变”。“我要走出去，我要离开这里”，从此之后，已成为仇德树生活中的主要诉求和梦想。

举办画展，也让仇德树认识了一位让他终生感谢的美国人——琼·柯恩女士。她是艺术史学家，也是从尼克松时代就来到中国的汉学家。她丈夫是1972年尼克松美国访华团中的成员，哈佛大学东方法律研究所所长、汉学家柯恩先生。

1982年2月，在“草草社”《八十年代画展》展览期间，她来文化馆看画展，看到了仇德树的画，之后她找到仇，说很喜欢他的画，要求拍照、拍幻灯片。不仅是仇德树，从1949年以后，新中国的重要画家几乎都是她再次采访的，并通过她，使这些作品得到更大范围的欣赏。在那样的年代能够独具慧眼，看到中国美术界的潜在新人和中国美术的未来，的确是功不可没的。

仇德树第一次见到琼·柯恩，是油画家、中央美院当时的研究生汤沐黎陪她来的。汤沐黎是我国著名导演汤晓丹的儿子，他画艺不凡，英语也特好。这是仇第一次遇到西方艺术史学家。看得出她对艺术作品充满热情和敏感，她想要向美国观众和学生介绍她在中国看到的新艺术景象。凡是与她接触过的画家，都会感受到她对艺术交流的努力。但仇德树一直不懂，她凭什么从一开始认识自己，就认定“他可能是他这代人中出色的画家和思想家”。那时，仇的画中，“裂变”根本还没产生。她好像有预感，仇会发现和独创“裂变”艺术。老实说，如果在1982年没有发现“裂变”艺术，仇德树十有八九会支撑不下去，也就没有今天的仇德树。仇佩服她的同时也有点惊讶，她根据什么？后来，1987年，她的著作《新中国画1949-1986年》出版，书中有她记录的仇德树艺术发展过程和对仇的高度评价。仇德树1984年的作品《裂变》被选印，作为该书的扉页重点推出。这本书也是改革开放后艺术交流史上的典范之作。

认识琼·柯恩，在当时也引发了一个故事。那时她正在筹划“心迹”中国现代油画展（1982年该画展在美国东部主要城市巡回展出，仇有三幅作品参展）。仇德树的岳母英语很好，由岳母当翻译，柯恩来观赏新作就方便多了。因为她是外国人，每次她来仇家，在当时情况下，仇德树都主动向文化馆的领导汇报。一天，领导突然把他叫去办公室谈话，口气较为严厉：“周总理说过外事无小事，你知道吗？”仇说：“我以前不知道，现在知道了。”他又说：“外事是有纪律的，现在我向你宣布三条纪律。第一，不准在家里接待外国人；第二，外国人何时来，要事先汇报；第三，外国人送的所有礼物要全部上交，知道吗？”仇德树这下几乎惊呆了，但还是低声地回答说：“知道了。”回到美工间，他一直发呆，觉得做人最起码的尊严被无情地践踏了，但领导说这关系外事纪律，就是关系国家安全，你怎能不听？可仇只想画画而已，连组建“草草社”也是领导同意的。他认为自己没干过任何坏事，“为什么像对嫌疑犯一样对付我？”这又使他想起，每次区里来“检查卫生”，都会有人趁他不在文化馆的时候在美工间翻箱倒柜……难道与一个外国艺术史家探讨艺术也会被怀疑成特务？而自己一直生活、工作和学习在社会基层，平时又小心做人，没任何国家秘密可出卖呀！他真没想到“草草社”事件的批判没了结，又出了个外国“特务”。长时期的恐惧和焦虑，这时候却突然化解了，因为他想通了，想得彻彻底底。于是第二天上班，仇德树气定神闲地找到那位领导，对他说：“我就是搞艺术，你把我抓起来好了。”面对着已做好辞职准备的仇德树，那位领导最终对此也不了了之了。

在中国的上个世纪八十年代，琼·柯恩能够穿过体制上那么多的屏障，那么深入地到画家的画室发现和推荐中国画家的作品，对中国未来的艺术精英有一个比较公正的认识和展望，无疑是一个杰出的艺术交流大使。难怪仇德树在接受我们采访时，每一次都十分激动地提到琼·柯恩："她在国际上尽力地介绍中国文化艺术，关心和热爱中国文化艺术的发展，开了个好头。这是我最真实的感受，我永远感谢她。”

……

1976年，仇德树娶了同在华生制革厂工作的赵晓慧。1985年，赵晓慧挑起了家庭重担，支持仇德树远赴美国，开始了另一段彩色人生。

从“草草社”到波士顿塔夫茨大学

我想如果有机会我会到国外办一个展览，把仇德树和其他一些我认同的艺术家邀请过来，给外国看一个完全不一样的当代艺术。他们既有我们中国文化的根，同时也有探索的精神，另外他们不是孤立的，就是我们这个时代里的，也是这个世界大氛围里所产生的。以此来回答中国人怎么来面临新世纪的变化，这与西方人在整个二十世纪里的走向是不一样的。

——朱旭初（艺术评论家）

现在每当有画评家评述仇德树，总会将“草草社”与他的名字紧紧连在一起，因为这是他绘画生涯中的一件大事，打个比方来说，是他艺术展翅的起点。而对于仇德树而言，他的“草草社”因画展的“三独立”而被批评为“典型的资产阶级自由化”，那一段曲折的经历更是让他无法忘怀。“草草社”中坚之一陈巨源撰写了《八十年代画展》展览序言，他这样写道：“草，大自然最有生命的象征，他既能到处生长，形成辽阔的草原，又能在没有土壤的荒漠、险滩、危崖上星星点点扎根，是那样广泛、普通，坚忍而年复一年的给世界带来繁荣和希望。草草社欣赏草的精神和风格，希望像草那样郁绿于祖国的艺术原地上。本社是以独立精神、独创风格、独特技巧为基础而自愿组成的绘画艺术研究团体。它想为研究伟大的中国艺术优良传统的继承和发展作些实践，为实现祖国的四个现代化作点滴贡献。”几十年过去了，也仍然看不出在这篇序言中存在着什么问题，从文化的角度来看，它更像一篇散文或者说就是一首诗。从字里行间，能感受到一种青年人的热情和勇气。是谁说过："对于成功的人而言，太阳往往从他的背后升起。”在仇德树看来，虽然“太阳”从“人”的背后升起的具体的时间不同，但从“草草社”开始，仇德树相信太阳或者月亮正从自己身体的某一个上方注视着自己，因为他的“三独宣言”，因为他的曾经根本就无法紧闭的眼睛，他好像已经拥有更多的功力，来对现实社会中的“人”的个性和画的“欲望”进行独立的思考和分析了。

无奈的是小草再有韧劲，毕竟是微不足道的。“草草社”在初创时原有十二人，还未成立，就有一位先打退堂鼓了。不过他并没有公开发出声明，只是悄悄退出，因为感到这是一个得不到官方支持的民间组织，没有组织的关怀是没有前途的。持有这样的想法也是人之常情。让我们感到惊奇与兴奋的是，在最初的“草草社”成员中有陈家泠、戴敦邦的名字。这是两位早有成就的中年画家，他们也会加入这样的民间组织，可见当时的文化氛围。陈家泠的加入倒也不让笔者感到诧异，他本来就是一位创作思想十分活跃的画家，后来创造出著名的荷花系列画，一时轰动天下，影响了不少后来人。而戴先生加入，让人难以想象，笔者曾与他在一个编辑部共一室工作过几年，总感到他走的是传统的路子，何况平时也是小心做人。然而“草草社”最终还是消亡了。反叛还是延续，已经是仇德树在“草草社”消亡后几年中最多的考量和选择。

机会来了，机会总是为已经付出、已经有所准备的人准备的。1984年的年底，那个说他的“草草社”和他的画是“新中国风格的种子”，是“已重新确定了二千年来在纸上用毛笔、水墨绘制传统中国画所沿袭的旧技法，并把它与二十世纪的各项新发明合并了起来，他已做到了使用一种他自己所创造的使古代的美术词汇转变为完全现代情景的语言，以表达他最深的内心感觉”的美国著名艺术史家柯恩，在参观了“草草社”画展的几年之后，力邀仇德树访问美国，并请他用以“裂变”为“画”的技法，为美国波士顿塔夫茨大学完成校园中心的巨幅壁画。身为上海卢湾区文化馆美术工的仇德树很快就接受了邀请，他决定离开中国，去外面那个被称之为美国的地方，去看看他们的艺术世界，是否有着“草草社”的梦想，就是“独立的精神、独特的技法、独创的风格”。不过，这个过程并非是一帆风顺的，八十年代初对于资产阶级自由化的警惕，在人们的心灵深处留下了无法忘记或湮灭的让人恐惧、紧张的刻印，但是“走自己的路”，仇德树对此已无法选择。

妻子赵晓慧，在华生制革厂就相知相识的车间女工，来自于有着浓厚佛教情结和文化氛围的家庭，父亲毕业于上海交通大学数学系，母亲毕业于有着基督教渊源的上海清心女中（今上海第八中学）。有人问她：结婚前就知道您先生会画画吗？她答：是的。又问：认定您先生的画会成功吗？又答：没有。再问：现在呢？答：会的。为什么呢？她说：为了画，他已经舍弃一切……有人再问了仇德树的家世、精神的偶像，和她作为仇德树的“山水思危、云起云落”诸画的第一个受众，对于“裂变”的感觉，她始终微笑着，拿出一本又一本画廊、学者给仇德树写的书籍和画刊，又满怀感慨、毫不经意地说一句：“他放弃了一切，失去了一切，又得到了一切。”再也没有和别人说些什么。有人无言地望着她，还想问些什么呢？一切都无从说起，一切仿佛是早有了答案。面瘫、失业、离家，接下来的就是无日无夜地等待、无日无夜地承受、无日无夜地担惊受怕，“他远在天边，每一次打电话给他的时候，他不是在画画，就是在去画画的路上……对此我无话可说，我希望他的不是裂变而是平安……”一语未毕，满屋唏嘘。人们开始感到仇德树今生今世创造出的不是“山水”、不是“裂变”，而是他的妻子，形简而意赅，水静而流远。她不但是仇德树的后勤总管，还是艺术总管。她曾揭示了一张画家的作息时间表：几十年如一日，每天早上八时进画室，工作到吃午饭；下午稍作休息，再工作到吃晚饭；晚饭后继续工作，到十点才结束。天天如此，家里的所有事都由她一肩挑。用她的话来说：“在我们家里绘画一直是第一位的。早先即使只有两间房，一间明亮的也成了画室。”此外，她还兼做丈夫的秘书工作，收集资料。仇德树曾这样描述他的姻缘：“我的直觉非常好，包括我决定要娶我太太也是因为直觉，我觉得我的太太应该是这样的，而不是那些所谓最时髦、最漂亮的。”

每次与仇德树夫妇相聚，都感到他们的伉俪情深。不知是夫唱妇随呢，还是夫随妇唱。男人的一半是女人，我们对着仇德树的创作，回味着这样的话儿。

走向“裂变”世界

仇德树独特的人生经历、扎实的中西艺术素养以及创新实践与理论思考并重、通古变今的艺术探索，张扬了独创意识，从一个被许多人忽略的方面光大了中国文化艺术精神，拓展了中国水墨画的视觉审美领地。他的艺术为后学召示了不迷古、不媚洋的成功之路。

——薛晔（上海美术馆典藏部研究员）

仇德树在《八十年代画展》中有一幅被称之为《在不安的世界里》的纸本水墨画，充实整个画面的是不断旋转向上或者是一种似乎要席卷整个宇宙的云雾和像云雾一样翻腾、起伏的波涛。太阳已经被完全遮住，只留下少量的红，在大片的压抑、忧郁的绿、黄、蓝、黑的背景中，有白天鹅、梅花鹿在惊慌地逃窜，虎视眈眈的老鹰和猛兽在等待和追赶着它们，在天上、地上，它们似乎都是无路可逃，更让人感到了一种不安和恐惧。然而，人出现了，在画面的右下角出现了两个壮汉，挽弓直指猛禽，作者似乎是在通过画面暗示着一种力量、一种愿望。然而带给观众的，是一种担心，一种不安，一种忧郁，就靠这两个人的力量，他们能战胜画面上这么一大片的阴沉和黑暗吗？于是，人们自然而然地会想起积聚在画面之外的第三种力量，这就是要让“画”感到强大，首先要让“心”感到强大的一种欲望。这种要让心感到强大和“裂变”的过程，是否就是仇德树的一种心的“裂变”和画的“裂变”？而后几年画的“裂变”，仇德树更是如雨磅礴，是从点到面、从质到量的渲泻，大概是由于太长时间的等待和压抑，因此，仇德树这样的一种“宣泄”和“裂变”，给人们带来的，毫无疑问的，是更多的关注和激醒，如雷贯耳，让人振奋。

没有永远的远方，只有永远的冲动。中国的土地上，从八十年代开始，绘画展现出一种特殊性。从某种形态上说，作画者一般都介于业余和专业之间，由于时代的发展，在历史传统与当代绘画之间，在每个画家的面前，都存在着一个选择和判断的问题。历史将这问题同样摆在了在七十年代中期，由于“阶级”和“文化革命”，被引导到“画家”队伍中的“工人画家的代表”，他们的灵魂深处浸着“高、大、全”，“红卫兵”，“小绵羊”等等极具时代特色的政治符号。仇德树对于这样一些“高大、红亮”的作品不仅没有一点点的迷恋之情，反而深感迷茫，或者就是反感，他跟人说，艺术本身似乎不应该就是这样的。当然，艺术究竟是什么，在那个时候，他也说不清。后来，经过了多年的徘徊和思索，他终于想出了这样的表达：理想主义的自由表现，作为艺术创作道路上的座右铭来激励自己。这也许就是为了他的“草草社”和“独立精神、独特技法、独创风格”的实现，到后面“裂变”的形成，做好了最初的思想、艺术重构的准备。在这以前，仇德树起源于帽子作坊的绘画生涯，是来自于视觉层面的表层，与灵魂深处的东西毫无关联，而后来，他画中的气韵和物象，来自心灵的惶恐和冲动就多了。在他的《不安的世界》绘画系列里可以看到，他的创作仍带着很大的异象、迷茫的色彩。他第一次去美国交流，经过了东西方文化的碰撞、交融，从画语到图示，从内涵到外延，逐渐奠定了自己的“裂变”艺术的基础。

1985年仲秋，正是桂花飘香的时节。淮海西路上，两侧梧桐树高大的树干，遒劲的枝条，就像大大小小的油画笔，重笔浓彩，画出了上海这座大都市特有的金秋街景。秋风中已有少许的金色叶片时不时地从路上飘过。座落在淮海西路上的美国驻上海领事馆前，聚集了不少人，他们在等待办理出国签证。那时中国正打开改革开放的窗口，正是出国风热劲的年头。仇德树也参加到这个行列之中，成为较早出国的人流中的一员。当然他是作为美国波士顿塔夫茨大学访问学者，应邀前往那个西方大国的。校方除了请他开讲座、办画展，还郑重地请他去完成校园中心巨幅壁画。

校方邀请仇德树，无疑是看重这位中国画家的才气。早在1982年，美国有关方面为了促进中国与美国文化交流，曾举办了一个有刘海粟、袁运甫、仇德树参加的大型中国当代画展。那时，他们就对仇德树的“小荷初露尖尖角”的“裂变”艺术分外垂青。

在虹桥机场，当仇德树与送他的众亲友告别，登向波音客机之际，不少人都以为他此去是“黄鹤一去不复返”，断断不会再回国了。因为在那时，出国的人很少再有回头的。当时，也有人关切地问仇夫人，你一个人留在国内，心里是怎么想的？她平静且从容地回答：去与回都是为画画，别无他念。德树决不是为了要去美国而去美国。真是知夫莫若妻呵。仇德树这次去美国，就是为开阔眼界，提高绘画而去的，没有也不会想到那里去发展。所以，他在美国整整一年，不是在博物馆，就是去画展，到处学习访问，忙得不亦乐乎。他曾说：“我在美国当代艺术馆看到毕加索、米罗的画，我非常地吃惊，因为这些我在画册中都看到过，但看到真的还是非常震撼。我想得最多的，还是我自己的艺术今后怎么办……”

尤其在1985年到纽约的时候，他去看大都会博物馆，那是展出世界一流的艺术作品的展馆。但当他走到中国馆，看到宋元明清的山水画，心里是很矛盾的。一方面，出于对自己民族文化艺术的热爱，能够在异国他乡看到中国的传统经典作品，令人欣喜；另一方面又感到难过，因为相比之下，在这个第一流的美术馆里，我们传统的山水画显得黑沉沉，缺乏视觉的力量。那时，他就暗下决心要改变这状况。

当时他在美国塔夫茨大学创作壁画，反响很好。这种新的绘画语言基本上已经形成了，可以把这个绘画语言用到山水画创作中去，让中国传统的山水画具有现代所要求的视觉张力。这个萌念使他坚定了对中国山水画改革的信念。

一年以后，仇德树婉拒了美方的挽留，决定返回祖国。那时有一位好朋友听到消息非常着急，写信给他，极力劝他不要急着回来：纽约是世界艺术的中心，你应该在那里发展自己的事业。

仇德树还是回来了，他感到自己的根，自己的事业在中国。他比任何人都清楚自己的位置。通过去美国，他敏锐地感到：中国山水画和其他中国绘画艺术一样，整体上都不能回避当代性的问题。他有雄心有信心开创中国山水笔墨的新纪元。当然，中国的山水笔墨几千年来荡涤生命、净化山河的力量，仇德树从来没有去否定或者想去篡改。但是，中国几千年的山水笔墨决不是铜像，仅供人们去膜拜、供奉，而铜像也再不是社会特定名声和地位的标志，让它在前世结下的“真果”被后天虚伪的人性和森严的等级扼杀。其实，真正的铜像它本身也代表着一种原创、一种创新的精神，所以被人供奉了几千年的中国山水笔墨，同样也有一个发展、一个与时俱进的要求，“我创造和发现的‘裂变’技法，其理念和核心价值其实也在这里”。一语未毕，四座颔首。

而更令人叹服的是仇德树不但出作品，还出思想。他敢于善于站在时代的高度、艺术的高度，对自己自小学画就置身的“海派文化”作深邃的反思：“丢失了批判性，喜欢甜美，喜欢听好话，互相歌功颂德。这样用把玩的心态去创造艺术，从而使艺术的崇高性、艰巨性大大降低了，现在我们的‘海派文化’中找不到震撼，让人觉醒和感到力量的东西。”他甚至用近乎“刻薄”的口气说过：“说真的，我并不关心‘海派文化’与‘海派艺术’，对我来说，这好像是被架空的议题，我关心的是本土的‘文脉’拓展，艺术的创造性和当代精神，它们才是‘海派文化’最重要的前提。”

对于“海派”这个词，他有清晰的认识，所以第一次出访美国回来，仇德树更加自信了，那就是海派文化也好，中国文化也好，关键是要把自己的文化做成世界第一流的，这才能代表中国、代表上海的文化艺术。

下卷 “裂变”之路

我的最大作品是我的人生，还有所选择的“裂变”之路。

——仇德树

艺术是上苍赐于人类的第五条肢体

没有“裂变”的图式个性，仇德树个性化的媒材语言不会这么丰满。不论什么时候，语言终归是语言，没有艺术社会学观念下的“内容”，没有艺术本体论观念中的“精神”，没有艺术文化学观念里的“文化”，语言都是苍白的。仇德树的“裂变”，既是文化符号，也是精神象征，当然也是我们肉眼看到的具象山水、花草和人物。因此，裂变的主题无论从艺术社会学、还是艺术本体论、抑或艺术文化学，都可以从不同视角进行解读和阐释，这是仇德树不断进行艺术创造并不断给人提供新的审美体验的原因。

——尚晖（《美术杂志》执行主编）

六月的一个午后，上海杨浦区一个叫“苏浙汇”酒楼的底层，在大家都到了之后，仇德树像一阵风似的骤然而至，拱拳，一连串地几个“迟了、迟了”的话后坐定，才发觉他面前酒杯里的酒（不是白酒、红酒，而是人们最常喝的啤酒），仇德树挥手叫来了服务员说：请给我换上茶水，白开水就行。一言毕，满坐哗然：怎么，你不喝酒？从来不喝，不过我欢喜看着别人喝。有人再问：在婚礼上呢？也没喝。然后又急急地补充说：不是我不喝，是喝了哪怕是一点点的酒，我的脸就会红，不是小红，而是大红……一言未毕，又是满坐哗然，竟有人直白相问：酒，是烈性的东西，你不喝酒，也能撕出“裂变”来？他笑了，他笑起来就像一个孩子：我不喝酒，不等于我不吃面包，酒和画有关系吗？哦，大概和喝酒的量是有关系的，量大力强，虽然我不喝酒，但是我画画的量大，所以喝酒的理念对于我的“裂变”应该是有作用的，所以，尽管我不喝酒，但我也不反对喝酒。仇德树说：裂变的本源倒也是和喝酒一样，有一个从裂到变的过程，有一个从量变到质变的过程。噢，仇德树又笑了起来：这可是一个不喝酒的人对于酒和画在认识上的一次飞跃啊。

认识仇德树的人都知道，仇德树画的“裂变”过程并不像他轻松一讲的那么简单，其实，仇德树画的裂变过程也真是一个从简到繁、由浅到深的过程。在他的“裂变”之初，从他的《大我精神形象之一、之二、之三、之四》来看，其“裂”之表面，刻满的都是有形的“裂”和对于无形的“影”（人）的屈辱和伤害，而这些伤害对于人影断裂的不同，可以看得出他对于过去的审视和鞭挞，仿佛他在用他的“裂变”来代替他的心伤——天空无声无息、风中也没有你的影子。这样的“裂变”理念的产生肯定不是一次偶然的现象或遭遇，而是有一种刻骨铭心的东西沉淀在他灵魂的深处，一到夜深人静的时候，他就会想起或者看见，因此，他的“裂变”之痕与他的精神之殇存在着很大的关联。有人说，一个艺术家犹如一座高山，一条大河，要考察清楚这座“高山”的地质、地貌，乃至构成的地质史，或要考察清楚这条“大河”的水质、源头，乃至流域的面貌，都不是一件容易的事。他的“裂变”在他的画中，就像人们议论的一样：“时而深如裂谷，时而乱如沟壑，时而险如危岩，时而危如罅隙，时而如惊雷炸裂，时而如波光摇曳，时而如雨丝飘洒……”总之，种种“裂变”，悉由心生且随意兴所致。这其中当然有仇德树的预谋和设计，但是他有自己的办法，让这些人为的裂纹达到了一种天趣自然、率性而为的境界，而正是这些基本符号，让仇德树早期的图像世界，无论是人物、佛像、走兽，还是花草、山水，都充满了一种像是“困境中的苍茫、苍茫中的忧伤”般的悲怆感，会让人不由得心生感叹。

仇德树曾对人说过：他在八十年代的早期就已经确定，一个画家对于人生和精神的关注，是艺术创作一个不可或缺的重要根源。什么叫“苍茫”，什么叫“困境”？想当年即使他身处逆境、跌倒谷底，他仍还是非常真诚地感谢卢湾区工人文化馆，对仇德树而言，那是一个值得珍惜的艺术平台。就在这段艺术创作的日子里，他知道了什么叫做人的世界，什么叫做物的世界，什么叫做自然超脱，什么才叫在人性突遭逆境时对精神内在的一种“追求和审思”。所以，仇德树说：他要感谢当年的那些政治运动，那“阶级斗争”的氛围和所谓“反对资产阶级自由化”的语境，让人体会到什么才叫做真正的人的恐惧，什么才叫做人的刻骨铭心的内伤以及撕心裂肺的疼痛。他曾经在那个时期里的日记中写道：“在这坎坷磨难的人生旅程中，艺术是上苍赐予人类的第五条肢体。”从这些语言中，不难看到灾难给仇德树带来的是一种什么样的心灵创伤和剧痛，也不会再对他的《大我精神形象之一、之二、之三、之四》画面中，似乎是过于暴力、恐惧的闪电对于人影的撕裂和拼装，产生其他的想象和猜测。

在八十年代初的整个新潮美术中，对于中国画有意义的探讨并不多，有所创新的还是以油画、雕塑和其他艺术形式为多。而从整体上来看，作为中国最早的现代画的作品，“裂变”的艺术形象和艺术主张都直接与中国画的创新有关。作为艺术上追求，仇德树好像至此才开始思考如何突破中国画的传统，但是他很快发现在这个路上探索的结果是，让自己在渴望变革的欲望中陷入了两难的困境。仇德树说，现在有许多画家、评论家动不动就用“中外交融、中西贯通”，这样的词汇来评价当下的中国画坛，好像中国的画坛现在已经好得不得了了，就像中国的油画，你画得再好，画得再像，但你能画过《蒙娜丽莎》、画过凡·高《群鸦乱飞的麦田》吗？西方的油画、雕塑近百年来已发展得非常稳定和成功，想轻而易举地超越和改变它谈何容易？比如中国足球，能踢过意大利和西班牙吗？同样，中国的纸上水墨，几千年来受孕于中国博大精深的文化滋养，已形成了固定的山光水色、公子佳人，你要去主张或形成一种新的画风，且不说这几千年的文华墨宝你怎能一步跨过，就是门前的明、清画派就会呛得你晕头转向，骂死你“忘记了祖宗”。显然，仇德树在艺术上追求的是要走属于自己的路，他坚持认为，只有经过对艺术的崇高、艰巨和形式、模仿的问题进行充分清理和认识之后，才能进入对中国传统水墨的创新和改变。所以，从仇德树的《大我精神形象之一、之二、之三、之四》画面中可以看出，他的“裂变”理念的产生不是偶然的，当他把自己身心的裂痕移植在宣纸、画布上的同时，他绘画艺术的“裂变”已经形成，并且他要走向裂变的路已经无法阻挡。

仿佛此生中注定要做出许多不为常人理解的事，从美国回来后，为了全身心投身“裂变艺术”，不再受外界过多干扰，仇德树在妻子的理解支持下，索性辞去了工作。在偌大的海上画坛，唯有他早早当起了一个自由职业者，也不再从属任何艺术机构。他这样自嘲过：“在‘官本位制’的身份系列中，我的身份最不正规，也最卑下了，这反倒有个好处，没什么名头要我去操心的，也没那么多应酬的干扰。只要我认为自己是一个画家，足够了。也正好‘躲进小楼成一统’，全身贯注着我的‘裂变’艺术创作。”

也许仇德树没有想到过，这样一来，身份不明，连要出国都无法办手续……

中国的文艺体制改革，至今还在痛苦地摸索着，那些专业演员、专业画家、专业作家还是由政府养着。仇德树早在二十多年前就迈出了这一步，靠卖画养活自己，同时还不断地创出精品力作，实在是凭他的艺术良心、艺术才能在缔造灿烂的艺术人生。

从“大我精神形象”到《华彩乐》系列

漫漫六十年，前三十年，后三十年，两个阶段造就了许多人，其中之一就是仇德树。仇先生的感受与创作经历了从“伤痕”到“裂变”的过程，从个人痛苦的经历与感受出发，进而对时代的错误、社会的弊病和人的异化都产生了深刻的感受。我们之中许多人都有这一经历。他保持着艺术家对自由强烈的向往的本性，力求挣脱当时固有的体制的束缚，终究从僵化的绘画传统中蜕变出来，从教条式的思维方式中蜕变出来。然而，他没有消极地“打哈欠”，也没有狂妄地自命不凡，而是深沉地一点一点地表现裂变的决心。他的裂变，与其说出于激情，还不如说出于悲愤与怜悯之心，出于积极的思维和高度的心智。他的裂变，说到底，是一种敢于进取的原创精神，所以更具有感染力。

——俞璐（复旦大学上海视觉艺术学院教授）

九十年代末，仇德树在创作了《华彩乐》系列、《裂变—仙境》、和创作于美国塔夫茨大学的《翠彩》之后，他开始感到自己的心情似乎开始松弛了下来。熟知他的人开始打听，是谁借了他一双忧伤的眼睛，让他看见了“裂变”中的快乐？在“草草社”《八十年代画展》以后，仇德树在寂寞和被批判中孤独地潜行，压抑并担心着在那深藏心底、说不定可以改变和影响千万人的绘画技法，可能遭到土崩瓦解、灰飞烟灭的结果。因此，在仇德树“大我精神形象”的系列中，他给人留下了太多的焦虑、孤独和一种无法言说的无奈，而在他的《华彩乐》《仙境》中，他呈现给人们的却是一种在平和、安定的心境下才能出现的快乐和高兴。仇德树在他的《裂变—山水》的创作中，终于度过了在他创作意识中最为撕裂、疼痛的那一周期，进入了一个极为重要的转折时期。而这样的一种转折，其实不是“裂变”的转折，而是仇德树创作思想的转折、创作意识的转折。1982年仇德树发现了“裂变”，1985年仇德树去了美国，1986年仇德树在文化馆办理了辞职，直到九十年代初，仇德树完成了《华彩乐》《仙境》系列，并在其中完成了“自然流墨法、印章自然拼接法、力破纸背法”等关于中国画的一系列试验，“裂变”系列成为他艺术语言探索中的重要成就。可想而知，他从“痛苦”的裂变到“快乐”的裂变一路走来，是何等的不易和艰难。在这些作品中，他颠覆了宣纸和水墨在几千年的中国文化史上的作用和地位，发掘了水墨的另一重要特性，使之成为中国绘画史上又一种独特的具有立体感、微雕感的画面媒介语言。或许正是这样，人们开始忽略理论而重视现实中的存在，开始认定现代绘画的艺术成就从根本上就不构成对历史绘画成就的“异类”威胁，从而使我们的绘画艺术从整体上确立了一种走向现代艺术的内驱力。一开始的“裂变”有些荒诞和暴力，因为它从人们可能忽略掉的最险恶的地方出发，如果人们发现和了解这一点，就可以站在中国当时和现在绘画意义的正面，来审视仇德树的“裂变”，或者说因仇德树的“裂变”而建立起来的当代绘画技法上的真正的现代艺术。

而《华彩乐》的出现，正是说明了这一问题，这是作者从不幸背后再转过身来勇于面对阳光的关键时刻。现在来看，仇德树在七十年代末八十年代初所做的一系列艺术探索，在整个八五及其之后的当代艺术史进程中都是超前的，他的探索涉及书法、水墨等多个方面。仇德树说：没有一种强烈的精神力量，如何去开疆拓土？现在看来他是对的。

在关于现代水墨技法研究的问题上，仇德树也是一个有代表性的先行者，在与书法作品试验的同时，仇德树的水墨也经历了三个阶段。第一个阶段中，仇德树进行一种被他称为“自然流墨法”的水墨创作，具体做法是在湿的宣纸上，让墨在纸上自然流淌和渗透，待墨干后，再在上面以未经雕琢的石头印上印章（即“印章拼贴法”）后成为一幅作品。在这些作品当中，偶然性成为了主角。实际上利用水墨材料的偶然性在中国画当中很常见，泼墨就特别追求这种偶然，但在泼墨当中的偶然性只是一种创作的基础，画家再对泼墨后的画面进行“因势利导”的处理后才产生了最终的作品。当然仇德树不做“再加工”的做法就与传统的中国画拉开了距离，但他在作品里加上了天然石头的印迹，使作品成为一幅综合的抽象画。同时，在这些作品当中开始出现更重要的变革元素，作品《从自然到超脱，从黑夜到白天》中，他仍然采用了印章拼贴法和自然流墨法，但在已经完成后的画面上，揭开了宣纸的表层，使画面出现了留白——这种留白显然与中国画中的留白不同，这些规整形留白在作品中破坏了先前存在的中国画意境，使作品本身产生了不和谐的力量，从而具备了一种内在的张力。因此，在这时的作品中，对红印（不是传统意义上的印章）和纸质材料（不作为绘画附属材料而是独立媒体意义上的材料）的运用，使这幅作品具有了一种非常现代的面貌，可看作是“传统中国画‘诗书画印’四位一体的观念扩充”。他发明出一种碎纸的方法来使他的笔触和线条得到解放，以自然流墨的办法让山和水得到更大的舒展，以汉字与形象重新联合起来的方法让印章的功能得到最美的呈现，让宣纸自然破碎而产生出一种美妙的拼接，让笔在纸后用力而迸发出另一种幻象和神奇。仇德树说：“谁不渴望自己的作品独一无二，能让观众流连忘返、过目不忘？”他希望他的艺术在冲击人们视觉的同时，也能够冲击人们的心灵。而作为创作者的他就应该首先沉浸其中，所以，在画的世界里，他看见的艺术之光与别人是两样的，别人或许看到了辉煌，而他看见的却是阳光。

从仇德树九十年代的创作足迹中，我们可清晰看到：他从最初一种原创的尝试已经向打磨经典的作品靠拢。创新不易，难能可贵的是他在创新以后，还坚持不懈地进行对经典的追求。上海是个海，是个深不可测的海。仇德树能从这片海中扬帆前进，没有原创精神是不行的，走向经典又谈何容易。

关注人性的活力之源

他的作品是如此的伟丽，如此的壮丽，它来源于画家的心对宇宙的理解，只有尊重自己，才有独创精神；只有对别人的宽容与涵量，才有绝妙的技巧；只有对宇宙的精辟的理解，才有此高风标格。

——陈家泠（著名画家）

有人说，上海是中国在文化上最复杂的城市之一。长久以来，它既是工商业的排头兵，又是文化业的尖刀班，或许是由于解放之前一百多年外来殖民的影响，或许又因为解放后六十多年来、特别是解放后前三十多年来各种政治斗争的影响，上海文化艺术的繁荣与发展大抵和它的刀光剑影、灯红酒绿相联系或相回忆，特别是又经过了让人无法忘却、又让人不堪回首的文化大革命，使得人们对于上海文化和艺术的挑战，就显得格外的慎重和沉重。所谓的“海纳百川、海派无派”的海派文化，其深处的聪敏、发人警示的内核恐怕就来自于此。

就因为如此，所以说，在现代水墨之中，仇德树的作品是极具挑战和实践性的。这种挑战和实践性是指他对于中国几千年水墨的变革和运用，一是他不仅改变了水墨本身的形成和用途，二是将本作为形象载体的物理性的宣纸转换为直接性的语言，三是指他的绘画艺术实际上是没有一般意义上的笔墨接触，因此他的画品实际上也就无法呈现传统意义上的笔墨情趣、山水韵味。但仇德树的画更本质地表达了生命本源和人性升华的主题，而这个永恒的主题又是如此的特立独行、挥洒自如，纸上的裂痕、变幻的叠层，都被他巧妙地转换成对于生命的拷问和对人生的探寻。“鸟儿已经飞过，天空留下痕迹”，这句话是仇德树在“草草社二十五周年记念展”参展艺术家自述中说的。他说：“在二十世纪八十年代初，我依然一直在孤独地寻找适合自我的绘画技法和形式，例如‘自由流墨法’、‘印章拼贴法’以及对媒材宣纸的‘力破纸背法’等，当我不断地划破层层的宣纸，享受阵阵的痛感、快感的同时，我深信在我艺术生涯最关键的时刻，我艺术的教养和耐力也得到了极大的磨练和积聚。直到有一天，我见到了地上的一块很普通的旧石板，裂痕阡陌，纵横自由。我突然觉得它们像一道道睁着的眼光，直面苍天，它们承受着各种天灾人祸、内乱外患，如同民族、时代、内心的伤裂，像我一样的痛而不吭，非常悲壮。‘裂变’让我关注了人性的活力之源，让我打开了一个新的想象空间。是‘裂变’让我感到了大自然的神秘伟大、天趣之美，是‘裂变’告诉了我，它的本土特征特别适合对中国传统山水画的创新与发展射入当代人的情感和技艺……”因此，当他终于从他的“大我精神形象”中的忧虑，《我思我觅我求索》中的无奈，《华彩乐》中的快乐，上升到了《云起·云开》《闲云叠嶂》的光彩和山水英雄的恢弘群雕时，仇德树似乎终于放下了心灵和意念中一切的沉重，他开始微笑着作画了，他人性的悲伤、人像的惨裂、历史的灾难再不向画中的裂变倾斜，崭新的裂变以一种崭新的形式，展示着一种崭新的信仰、热情和阳光，好像一个人的漂泊岁月终于找到了一颗心的愿望之岸。满目的《云起黛山》、满纸的《烟峦御风》，在山水晨昏之间，跨过惊恐、呐喊和呻吟的裂变之痕，呈现出来的到处是一片欣欣向荣的日月之辉、草木之春。因此，在“裂变”的这个阶段中，仇德树已经完成了从传统书法到书法画、再到抽象书法的过程转变，这个阶段无疑是一个重要的转折点，在经历了这个阶段以后，仇德树转向了对水墨画的全面试验，并最终取得了重要的成果。

然而，由于“裂变”的形式是第一次冲进艺术的殿堂，因而没有更多相关的理论家和批评家来关注他的作品，在中国现代艺术史的进程中，仇德树在当时的这些重要探索和他取得的成果令人遗憾地被漏掉了。批评话语和艺术史研究对仇德树“裂变”艺术这一重要对象的冷落，当然与当时中国艺术理论话语自身的缺陷有关，而这个缺陷与当时的整体历史情境紧密相关，同时也正是这种状况，导致中国现代艺术后来所面临的困境。

评论家对于九十年代后的仇德树的作品中出现的中国气概，给予极高的荣誉。这是美术创作上一个很重要的命题。仇的裂变山水拥有一种中国气派、中国气象，给人的精神是向上的、蓬勃的、不屈的，有悲壮，但也是积极的。在内容与形式的一致上，在精神品格的追求上，与当下提倡的“坚持民族性，彰显时代性”是一致的。

仇德树“道痕”的“骨力”

德树从中国水墨起步，走在一条崎岖小路上，一面高山仰止，一面万丈深渊。常人是没有胆量走过去的，德树不但走过去，而且为自己开出了一条康庄大道。他从抽象水墨、神佛意象、“天花乱坠”一直发展到唐宋山水，最终形成了自己固定的面目，而且是一个完全独特、气象超凡、难以重复的艺术体系，取得了很高的成就。他的胆识、坚毅、乐观和探索精神都极其难能可贵，在当代中国画坛独一无二。

——陈巨源（画家、“草草社”重要成员）

有人戏言：现当代的水墨国画大凡只有三种，一曰：“关中黄土”，它沟壑纵横、骨力奋张；二曰：“水磨豆腐”，它近山远水，细致入微；三曰：“清明上河”，它逢景立碑，精于拓仿。如此等等，当然还有更多，仇德树的画呢，则达到了“原创”。是谁说过，因为艺术史是一个长期的积淀过程，任何一个艺术家都摆脱不了艺术史——中外古今艺术实践的限定和掌控，绝对的“原创”是一个虚妄的目标，一切的“原创”都是相对意义上的，都留着艺术史的投影，不过是转换了一个角度或方式而已。仇德树的艺术观产生在一个特殊的历史时期，所以他必须去面对一系列的当代艺术问题，例如，对待传统中国画，乃至博大精深的中国古代艺术，还有西方的现代主义，东、西方的冲突等等。仇德树总的思路和刘国松相仿，都是动大手术，要变革，要发展，要推陈出新。但在具体的策略、方法上，他和刘国松既有所同（如“革毛笔的命”），又有所不同（如他的侧重点是在宣纸上做“文章”），具体地说就是五个字：破、变、补、改、承。那么我们又应该用什么样的眼光来解读仇德树的艺术观呢？仇德树告诉别人说，他于“佛”，是进门不磕头的朝拜之徒；于“道”呢，无人提及，他当然也未作回答。但他的画在虚无之间，很容易便让人察觉到了一种阴阳之合，一方诡异之声，如雌雄之剑，动静之气。

道说：道不通，道不明，道不可之理。万夫有川，不能一日无道；千夫所指，只因一刻毁道。冬薮枯腐，当风于道（《易林》）；河渭不足，渴死于道（《山海经》）。由此可见“道”的内敛和雄奇可致人于万劫不复之中，也可给人虽九死而又生的律动。如果你细数他的《山水思危》，你就会发觉，这其中的“道”的裂痕竟达一千多条，你再看他在“本原、演化、升华”中的《云开·云起》的画，看他2008年创作的大幅“裂变”《君行健》，这时你一定会明白了“天行健，君子以自强不息”（乾卦）、“地势坤，君子以厚德载物”（坤卦）的含义。此是“道”矣，道：乃无序中有序，无道中有道。看到这里，你应该能看懂仇德树的画了，仇德树仿佛借“痕”说“裂”，借“裂”说“道”，而“道”通过“裂”诠释，到达了他心底“变”的目的。

从中国绘画史的发展历程来看，后人每一次对中国水墨和水彩的改变，固然提升了艺术的“魅力”和“格式”，但始终无法调动人的野性和心的骚动，就像婉约到了极致变成了一滩死水，惊鸿听不到虎啸只能化成了一丝云烟，绘画失去了“霸气”，让观众在观赏的同时失去了“震惊”，因此，形式上的太过干净、太过常态的画品，哪怕画得再像，再惟妙惟肖，也不会让人在欣赏中产生感动。而仇德树则不同，他没有把画者都知道的“以形”、而把“写神”作为自己绘画美学的唯一目标和终极目标。他当然注重山水形态的美感，然而，他注重的山水形态的美感往往是通过他的力、也就是通过他的“道”的组合和碰撞来加以表示的。比如他的《峻岭》联画、他的《山水思危》，从“道”的角度，不知这样的两幅画仇德树是想让人仰视还是俯视。当人仰视它们的时候，看见的都是天上的云气，汹涌澎湃；但当你俯视它们的时候，你或许又看见了这些山水的悬岭和危崖，你一定能深深地感觉到这层层叠叠的山峦要告诉你些什么。这样的山水峻岭当然有着老法“米点山水”的勾、皴、斫、擦之迹，但在完成这一系列的动作的同时，他并没有忘记用“道”和“裂变”的力量，用动、静、起、伏的调理和刻划，尽可能地依托于笔、墨、绢、纸、托裱等工艺，以及先破后立、反其向的绘画技术。通过他对媒材不同方法的破损和割裂，让事物在以一种平面出现的同时，又尽可能地展示出其高低、立体、一望无际、蓬勃向上的气势和体感，就像一段秦腔，既叫得出又吼得动，让人酣畅淋漓，而仔细看又像一幅微雕，有静的肃穆，动的庄严。因此，仇德树作品的整个工艺操作是其作品特性的一个有机组成部分，给人以激醒和顿悟，如果没有这些工艺上的革新，也就达不到这个效果，而仇德树对大量水墨工艺的创新，恰恰又拓展了当代水墨的表现空间。

其实，中国传统绘画美学的形成和对于“物”、“我”二者间的互动、辩证关系，自古以来早已有之，比如用墨的深浅、多少来解构山水的规模远近。但是，仇德树用“道”的蕴含和“痕”的立意，用“裂”的载体和“变”的形式来展示心的欲望、山的幻象，好像还是中国绘画史上的第一人。他的自身价值在他不事绳墨、不拘成像、自成一体的中国山水之中得到了尽情挥洒和展现，这在中国当代绘画史上是极具意义和让人欣慰的。

对于中国画的品质、等级的鉴定，大概除了对于“笔墨功力”

的运用、“笔韵把握”的技法除外，还得要看作者在画上留下的创新和技法的变迁。笔对于中国画最大的贡献是创造了“线”与“皴”，笔的工艺早熟于纸的工艺，无论是在绢本还是纸本，艺术家的笔迹代表其艺术的成就，并由此产生中国艺术史上的几大高峰。千百年来，中国画论就“用笔”产生出了一个庞大的理论体系。这些辉煌的积淀，到了近世，除了作为典范的同时也成为了栅栏，后人想要突破何其之难。因而，仇德树作画的主动性是极强势的，当人们透过历史的尘埃再来看仇德树的《峻岭》和他的《山水思危》，不难想象，因为仇德树，因为仇德树的山水“裂变”，中国的水墨功夫应该会上一个更高的台阶。

2000年后，仇德树的“裂变”艺术还在继续完善着。他在对着画板继续深思，在他看来，“裂变”的存在是不以人的意志为转移的，“裂变”首先是一种哲学，它存在于自然、社会和人生中。“裂变”就是世界本源。裂变不是静止的，而是运动的，多层次、多角度、多种类的，是一种规律，只要我们不闭目塞听，这个世界其实有许许多多“裂变”，包括地壳的板块移动，这就是“裂变”。很多裂变都是我们眼睛无法看到的，但又真实存在的，从细胞分裂产生生命，到能量的大爆炸产生宇宙，这一个个过程就是裂变的过程。反观中国社会的这一百年，不也正是我们民族的“裂变”？！身处这一社会性“裂变”的过程，其实也更能引起我们内心的伤裂。

《山水思危》向人们叙述与表达

仇德树是这个时代的独立精神者，是在中国当代艺术之途上孤独探索的早行者，他的“三独”精神以及在七十年代末八十年代初所做的一系列探索在整个对八五及其之后的现代艺术史进程中都是超前的。

——罗一平（中山大学教授）

从重庆南路270号以前的卢湾区文化馆、现在的天主教堂出来，仇德树站在门边，正午的阳光把他的影子都留住了地上，他一点都不急着上车，反倒把人拉下车说：过了这条街向东只要走五十步，就是丰子恺的家，我很荣幸，这辈子能在大师的隔壁作画……他说这话的时候，脸向上扬，目光投放到了很远，语速很慢、很严肃，像是一个游走在神庙之外的圣徒。用这样的语句说他，并不是说他无名师灌顶、隆中点拨，而是说他每每谈起心中所念、所思，或谈到恩师时（小学一年级认识了教图画的苏老师、中学一年级经朋友介绍认识了松江退休美术教师张之尘），其言之哀色，是出于肺腑的。事实也是这样，在他的同代人中，他算得上是一位杰出的画家和画的实践者与画的创新者，但是，跟当今许多的其他艺术家相比，几十年来，由于各种原因，仇德树接受中国画坛先辈教诲的机缘并不多，所以每一次外出参访和参观他都非常珍惜。1981年10月波士顿美术馆在上海举办的一次展览会上，他第一次看到波洛克的画时，就忍不住对人说：波洛克的伟大成就在于他遵循了“原创、无畏和越是强大越是要学习”的精神，而“原创、无畏和学习”的精神正是艺术家得以“摆脱庸俗和不受各种社会限制或技术知识的束缚、名利的诱惑、回归自然”的最强大精神武器。这是否也是成就了他“裂变”的原因之一？旁人不得而知。但是他人生的磨难、人格的坚定，对于他画面的旷达、寂寥、深邃，恐怕会有一定的影响的。

1986年仇德树向卢湾区文化馆辞去公职，成为一个“无业游民”，而就在这一年中，他又接到了美国哈佛大学的邀请，可是，当他拿着填好“访问学者”的表格来到有关部门敲章时，却遇到了麻烦，有人问他：有什么证明或哪一个机构来认定你这个无业者是个访问学者呢？仇德树说：我无言以答。最终，他在访问学者的一栏填上了“美术工人”（Art worker）才得以离开成行。

到了美国哈佛，有人问他：在中国，美术工人和访问学者的待遇是一样的吗？他说：是，在中国这二者的待遇是一样的。可是每每说到这里时，仇德树的语调总是格外的深沉和异样，语速会放得更慢，谁都知道，此刻有泪在他的心头慢慢流动。可是，每说到此，他又会总会说：我这样说并不是去责怪谁，在那个特殊的年代，谁敢越雷池一步，谁敢承担风险呢？这太难了。所以在2007年4月有瑞士日内瓦福莱特尔画廊要他提供画品进行画展时，仇德树又用裂变的方式画了一幅巨大的五张联画《山水思危》，“为什么我要把这一张五联画定名《山水思危》呢，其用意就在这里，我们应该要时刻反省，不能再一次地走向从前了……”一语成雷，四方沉寂。有人奇怪仇德树怎么总拿他的《山水思危》说事，其实这幅画正是仇德树最初的人生经历和最终的人生愿望，他的心像他画中的山水一般悲壮和辽阔，而他走向它的路，却像其中的山道那般艰难和苍茫。

当然，“裂变”对于山水的编造是难免的，对尘世的警醒或许也是有限的，但是，对于人心的向往和追求，其意义是巨大的。因此，如果你从仇德树的心路历程来重新解构、重组这些画的脉络和形成，大概会知道一些《山水思危》的心境和意象的。他的创造能力是爆炸性的，他的每一天，每一月，每一季都产生着数量惊人的新鲜作品，都产生着让人耳目一新的佳作，他对于传统和现代的技法一直都在寻求令人兴奋和惊奇的新用途。

2007年4月，中国发射了“嫦娥一号”。10月，国内第一家由国外私人基金出资的当代艺术机构——尤伦斯当代艺术中心历时三年终于在北京798落成并开幕。11月，陈丹青1980年的作品《西藏组画——牧羊人》在北京拍出了3584万元的“天价”。2004年就有人预言：“中国当代艺术作品将进入一个高价的时代。”而在2007年，中国艺术品市场仿佛一夜之间就突然火了起来，完成了本质性的蜕变，让人们瞠目结舌，它从边缘而小众的市场层面迅速提升为引人注目的市场焦点，不仅形成了规模化市场，而且突破百万元人民币的价格线也已经成为现实。而就这一年的中国，GDP的总值已经超过了德国，增幅为11.4%。当然说到这里，还得提一下2008年北京奥运会也已进入让人热血沸腾的倒计时，徐悲鸿的油画《放下你的鞭子》以7200万港币成交，成为世界上最贵的中国油画。现在你或许知道了2007年对于中国画坛的意义，可是，在如此恢弘广大，如此富丽堂皇，如此顺理成章，非常物质的2007年，仇德树的《山水思危》要向人们表达和展示的，不就显得更加的重要和有意义吗？

当然，2007年对仇德树而言，也是星光灿烂的一年，在这一年中，他完成了德国法兰克福《来自中国的当代绘画——仇德树个展》、上海Leda画廊《裂变——仇德树山水画近展》、瑞士日内瓦福莱特尔画廊《裂变·山水思危——仇德树画展》、上海多伦现代美术馆《仇德树——草草社之后的十年》回顾展，如此众多的展出，如此匆忙的行程，如此丰满金黄的日子，仇德树为什么还要拘泥过去，为他的山水裂变冠名为“山水思危”呢？从上所述，其答案应该是显而易见的了。仇德树最反对的是有些画家极不负责任地画画，每次听到身边有人说“随便涂涂”，看到有人在宣纸上任意挥毫，就产生极大的反感。而他始终坚持“裂变”山水的方向，那就是提升、转换传统山水画的“陈式画法”。通常，他在撕裂一张宣纸之前，哪怕是即兴式的撕纸，也是有准备的。他要想清楚该作品的框架，例如，裂纹有几层？每一层的裂纹的结构和所占的面积大体如何？内层的裂纹及其颜色预计会显露多少？最终作品完成后，主色调是什么？亮点特色可能出现在哪个部位？事先把“部件”先做好、备用，撕裂的过程很重要，通过他独特的裱拓技法，使碎片组合成新的构图，留下的图理与图示结合一体的符号更重要，他会把精心制作的涂着丰富色彩的带着裂纹的画面，裱拓在隔层内“潜伏”。“裂变”技术的关键是对宣纸材质的深入发掘——传统的宣纸，它本身是洁白的，有厚度的，特别是那种较厚的宣纸，吸水的，一层一层可以叠加裱拓，他就利用这种特性，改变传统的裱画方法，把撕裂、绘画、裱拓三者结合在一起。别人画画不会有他那种感觉：在将宣纸破碎撕裂的过程中可以感到一种痛感，一种人在某种被“磨难”生存状态下的境况，同时又会产生一种成就感，新陈代谢，除旧迎新。在他看来，“撕裂”是代表人文精神、大自然的进化，所以，会觉得撕裂宣纸在视觉上有一种冲击力，同时，又代表着这个时代的人们向前发展的意愿。《山水思危》较之于仇德树以前的“裂变”系列创作，已更多地载有画家的历史使命感，那也就是对中国画乃至自己的“裂变”

艺术都彰显了危机意识：只有不断创新才有强大生命力。弱者淘汰，强者生存，这是大自然的生存规律。人类尚且如此，又何况一个画种！

拥抱中老去的是“时间的玫瑰”

其实，仇德树观照自然、人生与社会的方式，本是平和、亲近的。这决定了他表述形象的具象方式，无论《东方壮士》《世纪伤痕》，还是《大自然的秩序》《实体的本质》，那些山水、人物和花草都不以怪异和奇崛而令人触目惊心，但他生存方式上的社会变异，赋予了这些具象的主题以裂变的形式，从而将这些具象山水、人物和花草碎裂成片，走向了抽象。那些具象的漂染着抒情而绚丽色彩的山水、人物、花草，却因裂变的缝隙引延到深邃、缥缈的境界，泛出幽幽的哲思与神秘。在仇德树的作品里，裂变是引领人们从具体走向抽象、从现实走向神灵的通道，一切快乐和悲痛，喜悦与忧患，抒情与哲理，都从这通道的缝隙中渗裂而出。

——尚辉（艺术评论家）

一个偶然的机会，我在书摊上发现北岛先生编著的一本书，封底印着北岛的诗作《时间的玫瑰》，细读下来，自认为与仇德树的《山水思危》好像有着某种关联。这首诗不长，把它抄录下来似乎可以更好地解读仇德树的“山水思危”。全诗如下：

当守门人沉睡
你和风暴一起转身
拥抱中老去的是

时间的玫瑰

当鸟路界定天空
你回望那落日
消失中呈现的是
时间的玫瑰

当刀在水中折弯
你踏笛声过桥
密谋中哭喊的是
时间的玫瑰

当笔画出地平线
你被东方之锣惊醒
回声中开放的是
时间的玫瑰

镜中永远是此刻
此刻通向重生之门
那门开向大海
时间的玫瑰

被评论家添墨为大气磅薄、汹涌澎拜的《山水思危》，太像这首诗了，你看："当守门人沉睡/你和风暴一起转身"，仇德树在提笔画这幅《山水思危》之前，他一定会想起很多，而"过去"是否会有意无意地出现在他的脑海中，而这个“守门人”是否就是他臆想中的过去呢，谁也不得而知，然而“你与风暴一起转身”，仇德树对此一定会心存唏嘘，想想仇德树一生在画途中几次重大的转身，哪一次没有和他在画途中的风暴相连：“草草社”、“自由化”、“美国波士顿塔夫茨大学”、“无业游民”再到“裂变”，每一步都风雨激荡。“拥抱中老去的/是时间的玫瑰”，时间的玫瑰，可以被认为是人的一生中最为珍贵、美丽的岁月。当成功的仇德树回望过去，他是否感叹和惆怅呢？“当鸟路界定天空/你回望那落日/消失中呈现的是/时间的玫瑰”，想起仇德树在1985年第一次离开祖国，站在虹桥机场登机楼回头一瞥，魏晋风气，唐汉砖瓦，“消失和呈现”的不都是仇德树对于“绘画”一生的追求和意念吗？“当刀在水中折弯/你踏笛声过桥/密谋中哭喊的是/时间的玫瑰”，在和仇德树几次长谈中，他始终念念不忘的有这样的几件事：一是他的“草草社”，二是他的“三独立”，三是他的“面瘫”，四是他的“裂变”。而其中的“裂变”是他一生中最大的创作，“面瘫”却是他一生中最大的隐痛，而这隐痛的最大的来源之一，便是他的“草草社”，便是他的“草草社”给他带来的“三独精神”，便是“三独精神”给他带来的一系列的批评与追问。他的画笔断在了他最为渴望和希翼的绘画之中，他无语怅望天外，谁能体会到在那些寂寥的深夜，仇德树徘徊在这座教堂深处的背影是何等的无助和悲伤。“密谋中哭喊的是/时间的玫瑰”，在别人的批评和自己的伤痛之中，仇德树念念不忘的仍然是“天底下的一张最美的画”，是他自己绘的画。“当笔画出地平线/你被东方之锣惊醒/回声中开放的是/时间的玫瑰”，相信这段诗应该写出了仇德树画这幅《山水思危》时的心声。是啊，当仇德树的“裂变”经过了千难万险、如旭日般在画之大洋中缓缓而升时，此刻，他的心境是多么的高兴和开放。“镜中永远是此刻/此刻通向重生之门/那门开向大海/时间的玫瑰”，仇德树又带着他的“裂变”回到了魂牵梦萦的祖国，回到了他饱受裂变的上海，回到了他的重生之门，他的“裂变”画卷终于以纸上微雕、重叠、立体的山水形式呈现在人们面前的时候，在德国的法兰克福、在瑞士日内瓦福莱特尔、在上海美术展览馆，仇德树站在光彩夺目、四壁辉煌的展览大厅之中，他首先想到一定是:要让此刻永远、要让“裂变”永远。所以他在完成巨幅的五联画《山水》之后，又加上“思危”二字，因为他知道，如果希望他的“裂变”要成为永远，就必须要记住“过去”，人无远虑，必有近忧。

一种超越人生苦难的回归

我相信仇德树先生以及他的画作在欧洲会赢得越来越多的重视与关注。在欧洲，对于来自于中国的政治波普文化的艺术作品的关注已经过去了。现在更多的是关注中国的一些有创新性的，又使人感到能与中国文化构建起某种关联的作品。而仇德树先生就是这样的人。所以我认为，欧洲人对仇德树先生的作品会越来越有兴趣。对于我本人来说，我是非常尊重仇德树先生，也非常喜欢他的画作，但可惜的是，仇先生的作品越画越大，我不能买下挂到自己的房子里。

——龙贝格（德国驻沪前总领事）

在中国绘画和诗歌史上，宋朝是继唐朝之后的又一个收获极丰的时代，这一期间绘画所取得的辉煌与奇情壮彩的唐诗一道，构成了不可逾越的并峙双峰，从而使中国的绘画和中国的诗词向前大大推进了一步。而苏轼的“莫听穿林打叶声，何妨吟啸且徐行。竹杖芒鞋轻胜马，谁怕！一蓑烟雨任平生”更是写尽了一代逍遥，但是苏东坡这个大作家恐怕想不到，在又一个新千年之始的中国绘画大路上，出现了一个几乎可以与他一起“穿林、吟啸”，并驾齐驱的中年人，他拿着他的“裂变”，不但“莫听穿林打叶声，”而且还“何妨吟啸‘不’徐行”。

从上海美术馆展览和出版的《裂变——仇德树》画册和《裂变——

仇德树》画展的评论文集，从仇德树在2004—2008年完成的《裂变—莽壑》《裂变—希声》的画中，比较他在2001年完成的《裂变—危险》《裂变—呼喊》《裂变—孤影》等等的系列，你就不难发现，仅从这些画的图式和立意上来看，其给人的影响就已经是广大和深刻的了，其中的山的情调和水的遥远，虽不及“竹林芒鞋”的潇洒，也不及“一蓑烟雨”的豪迈，但是它少了《裂变—危险》中的阴影，《裂变—呼喊》中的无助，《裂变—孤影》中的忧郁。此刻，你应该会感觉到仇德树对于画的心理构成和改变，其过程是艰巨的，其心理的改变是深刻的。用鲁迅的“直面人生”的话说，彻底地颠覆中国水墨在中国画中使用，仇德树在中国似乎还是第一人。

当然，说仇德树破了中国水墨几千年的高雅、空灵，破坏了中国山水几千年的情韵的人也许有其理由，但这恰恰便是仇德树的可爱之处，也是他的绘画意义的真正所在，他的《莽壑》和《希声》，虽然缺少些中国山水的“写意”和“墨趣”，但是，它的阳刚、大气、直接、干练，它的王者之气、霸主之道，是在中国历史上的山水画卷中难以找到或从来就没有过的，当然，也有人把它归于暴力或者粗野，说他的“裂变”失去了中国山水中常有的一种“湿润”和“流丽”，比如中国画的“细工”和“素描”，比如中国画的“积墨”、“泼墨”和“破墨”，所谓的“云，要得云烟之出入；山，要得山岚之隐现”……这从绘画的理论上来说当然是无可挑剔的，但是，如果从当代绘画的最高意境和立意上来看，仇德树并没有违反中国画的清规和戒律，他只是在中国画的空灵中加上了自己的一种恢弘，在中国画的蕴含中加上了自己的一种刚强。只要你仔细看，就可以在他不断变化的“裂变”的痕中，看见一种超越人生苦难的精神回归，而这种精神的回归，是可以借助中国古老的绘画力量来加以完成和实现的。在中国当代的绘画中，他虽然没有用传统的手法来使用水墨、绢纸，但是他仍然用水墨、绢纸的功能来达到画的意境。尽管到现在仍然有人认为，他用这样的绘画技法来实现他的愿望是很难的，但是，他已经用这样大破大立的绘画技法来实现人心和意志的逆转，来宣布他在绘画技法上的“标新”和“立异”，同时他也借此机会宣布了他的“过去”和“曾经”的结束,这对仇德树来说,真的是难能可贵的。

仇德树是在当代中国美术绘画业中少有的极具创新、创造意识的画家之一，看仇德树的画，倒不是真的看到了他画的异样和另类，而是看他以自己深化的人生的经历和他认为的人心所向来将“裂变”作为一种手段、作为一种警示来震撼世人，以期达到对客观世界作出的一种具有崭新意义的绘画技法和绘画理念的突破，而对于一个画家来说，要做到这一点，是必须要付出一生的努力，除此之外，还有什么办法来达到画家这样的一个终极目标呢？

如今，介绍仇德树的书出了十多本，画册林林总总也有不少，专题研讨会也召开了很多次。据说，有一家刊物出面召开的研讨会，热烈到整个会议进行过程中，居然没有一人起身去卫生间。无疑，仇德树其人其画，已在画坛上引起极大的关注，有人称这为“仇德树现象”，有人称这为“仇德树效应”。更多人是得到了启迪，开阔了眼界，更新了观念。

旅美画家吕高曾发表以下一段感言，可视为众多画家的心声：“近代早期中国美术史由于种种政治因素等众所周知的原因，不再重复繁论。只有在改革开放以后，各方面才有了新的气象，艺术家也有了新的气象，仇德树就是一个典型的代表。早期他还在具象里面转，那些水墨、颜色的变化，树木、山上爬下来的藤柯等等，在绘画理念上没有‘裂变’，还是在传统上走。但是他不断地探索，不断地否定自己，这个精神是我们艺术家最要追求的。很多艺术家小有名气就止步不前了，不断地重复，不断地卖钱，最后被钱淹死了自己都不知道。而仇德树在不断地探索，从具象主义走入了一种抽象主义的，心灵的和当代的，表现出他灵魂深处的一种壮烈。”他还有的放矢地指出，当代中国画不能乱来，有一批人乱来也说是当代，但当代的问题不是天上飞来的，不是月球上来的，是我们民族的土壤里长出来的，所以仇德树的画具备当代性，有民族的灵魂在里面，这就使他的艺术价值值得研究。

画家的灵与肉的冲突

仇德树的视觉语言汇围绕着瓦解与抉择、裂变与求索寻找新的恒定的主题。仇德树的绘画是属于一种更为广泛的当代现象的一分子，它参与了对“文革”及随后八十年代早期的反“精神污染”运动给社会、经济及个人所带来创伤的反思。

——姜斐德（北京故宫特聘专家）

黄浦江自西而泄，蜿蜒百里，在快到入海处不远的被上海人称为“北外滩”滨江岸线的北侧，离提蓝桥不远的地方，有一家先前用来堆放纺织品的仓库，现在的大门外挂着的是“上海北外滩当代艺术村”的牌子，进门不到百步，排列着几排近万平方米、虽然破旧但一看上去就觉得也很有些年月的红墙挑檐平顶单层库房。笔者第一次见到仇德树的“裂变”之作，大概就是在七八年前的一个秋天，在这家艺术村里的“大桥画廊”里。正厅之中，廊主说：“这画的主人叫仇德树，是个很厉害的画家，他颠覆了中国水墨几千年来的运行轨迹，正在让中国的画品在全世界得到喝彩。”但是，正当这位廊主说这话的当儿，这家艺术村里动辄就圈地一二千平方米的艺博、亦安等大牌画廊的画展和艺术村内的韩国、法国、意大利等国的当代艺术展正是如火如荼的时候，人们的目光都聚焦在当代的新锐画家王广义、张晓刚、方力钧、岳敏君等“四大金刚”、“八大天王”的身上。新千年的前后，是中国前卫艺术的分水岭，随着中国美术馆“现代艺术大展”上的一声枪响，从“美术新潮”以来的对西方现代主义的借鉴和抄袭仿佛就在一夜间化为乌有，以启蒙为主旨的精英艺术家陷入了无所适从的茫然境地。就像西方艺术史上的发展规律一样，在巨大的沉默期中，一股股新流派悄然出现、登堂入室，同时，受中国绘画艺术大环境改变的影响，各个方面的求变、求新的艺术创新和创造如长在地上的笋，得到了飞快的发展，因此在这样的艺术氛围之中，谁也没把这位廊主的话放在心里。直到几年后，在北京驼房营一家画廊的开业展览，在北京798的画廊里，一次又一次地见到仇德树暗红色和烟灰色的“裂变”时，人们才发觉，仇德树无所不在的“裂变”已经开始在我国众多的当代艺术中心和每一个等待着飞速发展的画家心中的“艺术的麦田”里，毫无顾忌并坚强地延伸着。

在五六年前的中国，曾经是“纸上见红”、“人山人海”的先锋艺术、行为艺术，在与社会集体意志的抗逆中已处于了边缘状态，能留下来的绘画艺术或行为艺术又逐渐开始了回归自然、回归大众、回归社会，他们的绘画艺术在此基础上不断创新和变化，已成为有志于绘画事业的薪火相传和创新的艺术家们一种真正的生存方式和精神言说。因此，等人们在上海美术馆又一次见到仇德树挂在展览中心的大幅“裂变”《山水思危》时，许多人已经明确地感到了仇德树“裂变”之变，至少在他的精神层面已发生了一种令人震撼的变化。而他这样的一种“裂变”，确切说来，既是一种来自于西方社会“神本主义”的裂变，也是一种来自于东方社会“人本主义”的裂变，更是一种来自于当代社会“物本主义”的裂变。这样一种思想、精神和物质上的三重的“裂变”，从仇德树“草草社”的创立之始，至今没有停歇，那么，他的“裂变”之痕到底起于何时，是否是起于：一、“草草社”受难之日？二、琼·柯恩发觉之时？三、仇德树离沪之后？同样又有几个问题萦绕在观众的心头：一、“草草社”受难之后，仇德树尽管是离群索居，但多亏了一个美国人琼·柯恩的大力帮助，他如愿地来到了美国，应该说在美国的这一年仇德树过得不坏，可是他又为什么要打道回府，回到了他的“草草社”受难之地呢？二、仇德树既然回到了石库门，回到了他“成也萧何、败也萧何”的“草草社”的诞生地，可是他又为什么要下定决心离开文化馆，离开他赖以生存的衣食之源呢？三、琼·柯恩说：“仇德树已重新确定了二千年来在纸上用毛笔、水墨绘制传统中国画所沿袭的旧技法，并把它与二十世纪的各项新发明合并了起来。他已做到了使用一种他自己所创造的使古代的美术词汇转变为完全现代情景的语言，以表达他最深的内心感觉。”如果这位美国人说的话是对的，那么仇德树又为什么不继续在美国呆下去呢？

那么，现在就来听听仇德树是怎么回答这些问题的，仇德树说：“草草社”的遇难，让他认识到了人的脆弱；琼·柯恩的发现，让他知道了人生的机遇；挣脱藩篱、离开文化馆是他深藏心底的潜意识，而最终的画的“裂变”却是他心的呼唤，他人生的最后的终极，他愿意为此付出所有……所以仇德树又说：“尽管我组织了‘草草社’，尽管我极有幸地碰到了琼·柯恩，而琼·柯恩又是我第一次遇到的西方艺术史学家，看得出她对于中国的艺术作品充满了感情，但是老实说，如果在1982年没有发现绘画的‘裂变’艺术，我十有八九撑不到今天……”那么，现在我们就不难看出仇德树的思想走向和他精神的裂变，维系他离开“神”的西方、“人”的东方、“物”诱惑的最大的精神支柱和思想意念，并不是那一时、那一刻的裂变，而是由来已久、日聚月累的裂变，是分分秒秒、无法断定的裂变。所以，他的裂变有时根本就不引人注意。所以，他依靠着他的“裂变”，非常礼貌地离开救他于“深陷自由主义泥潭”的西方美术馆，再非常得体地离开曾让他做过美工、发他工资的东方文化馆，又不想在当代物欲的世界里孤僻怪戾，于是，他就像一个游走在庙门外的苦僧，离群索居,回归到中国独有的最古老的“心和于自然、人回归于天地”的那一种山间朴民的生活方式，人生的境界。所以，不但是他个人的绘画道路足以让人感佩和惊奇，由此出现的他的“裂变”也从来就没有因为他的孤寂而消失和断裂，这当然就有了足够理由让人感到欣慰和高兴。因为，仇德树在灵与肉、冲突和变革的面前给人们带来的这种“裂变”，是会给人们的生活境界带来教益和帮助的。同样，他这样的一种教益和帮助，对于广泛的人生来说，也是极具社会意义的使命感和责任感的。上海博物馆陈馆长不止一次撰文，为德树老友的近些年创作击掌赞赏：人生有喜怒哀乐，民族命运也有跌宕起伏，过程的展示当然很重要，但是作为艺术家的文化责任来讲，除了过程的揭示和展示外，应该给人一种艺术力量、一种文化指向和精神轨迹，这是仇先生的艺术给我们最大的启迪。

从原创走向经典

……更令人惊讶不已的是，他试图引入水墨世界不曾有过的神秘的光，开创了超越东西方界限的新水墨世界，即天、地、人融为一体的美和艺术时代。

——李在兴（韩国亚洲美术馆馆长）

仇德树出生于石门（石库门），又无书香竹林水墨的浸染，与出生京门、世家的画家相比，他的画性秉赋，是有些先天不足的。他自学于商肆之间，自成于渐进之中，虽少了些水墨私堂的学究气、先生样，但从他的笔墨气势、纸上乾坤上看，却没有半点草民画家的斑痕和犹豫，比如他的《裂变—耸立天下》，就山形看，它错落有致、高低有序；就地势看，它龙脉翻腾、如云如冠；就近处看，上不见天、下不着地；就远处看，它茫茫乎如风云际会、苍苍乎如阴阳轮回。不由想起"仇德树"这三个字的拆解："仇"，为人九，九为草末，有努力、无畏、无边、奋争之意，正应了他的《裂变—天行健》中"天行健，君子以自强不息；地势坤，君子以厚德载物"的信念和蕴含。"德"字为"道"，大德为大道，其本意为顺应自然，道为无言无形，看不见听不到摸不着，只有通过我们的思维意识去认识和感知它，"德"是道的载体，是我们能看到的心行。而仇德树在2007年完成的、充满"道"的思想、"德"的愿景、倾注了极大心血的、草木山水相间的巨幅十联画《裂变—仙境》，正是告诉我们人和"道"的关系，人和“德”的关联。这幅《裂变—仙境》以卑微但广大的力量告诉我们：德，源于自然，如果没有德，哪怕万水千山给你，你也终将一事无成。“树”，十年树木，百年树人。树龄也就是树木的年龄，也称之为树的年轮，它在树层中的窄、宽之分，代表着它所生长的秋冬和春夏。

从仇德树最近的画品来看，他的“裂变”之意还远没有“水落石出”。和他握手时能够感到的是，他的手粗壮有力，不知道为什么，他给人的感觉好像来自于北方，来自于北方的一种关侠之家，仇德树厚实的身体，仿佛有一种从母体里带出的属于大漠的豪气和侠骨。仇德树再三说，他这一生完成的最大一幅作品就是他的人生和他发现和创造的“裂变”。他说这话的当儿，双眼直愣着看着远方，仿佛千斤的重担要交给远方。他的“裂变”如同他心上的痕，丝筋缕络，骨肉相连，“裂变”之痕，仿佛挑起了他深藏心底、最不想为人所知的尊严和斗志。他告诉别人：他喜欢“蟋蟀”的原因就是因为它的好斗，他好像生来就喜欢好斗的动物，为什么呢？他好久没有说话，过了半天他才小声说：“我再也不想回到先前的那些日子里了……”人们或许到了现在才能够看清，他的“裂变”为什么会在他极脆弱、敏感、理想、情感化的世界里，变得如此如火纯青，化蛹成蝶。从他的画面上所呈现和达到的这一种“裂”的境界，不是哪一个画家把纸撕碎、把墨泼掉就可以实现的。他“裂”的魂在他的心里，已和他生命的根连在了一起。他出身于草民，对于命运的升迁和颠簸，原本没有足够的思想准备和意识洞察，而且，对于事实上并不是灾难性的打击和状况，他也无法防备和设防，他想逃避，又怕跌落万丈深渊，他想面对，又无法忘记远方，最终他选择了离去，但又回到了祖国，他想这一生将注定失败，而因为了他的“裂变”却获得了意外的成功，所以，他前期造就的“裂变”总是有一点诡异、有一点乖张;而中期造就的“裂变”，就多了一些宽容、多了一些关怀;后期的一些“裂变”，则更是有了一种古韵的“风脉”、当代的“旷达”。这“裂”的纹好像通向了他心的根,激起了他这个出生于平民、但竭诚于社会、竭诚于生命、竭诚于绘画艺术的人文之子巨大的创造力。“裂变”使得他大彻大悟，但是，我们也应该看到，当代的绘画，还远没有达到当代的精神社会期待呈现出的那一种文化景观，就这一点而言,仇德树和他的“裂变”给我们带来的精神愿景和宽慰，是多么的重要，这大概就是人们为什么如此地欢迎和非常乐意地看见仇德树和他的“裂变”出现在我们这个当代社会吧。

如果说仇德树当初从石块的“裂缝”获得了创作的灵感，而现在画家已不再满足仅是到处寻觅、收集各式各样的奇石，以便从石头的自然造型与纹理中寻找对大山大水的审美。他认为自己应通过美的图示与符号，重新唤起人们对自身、自然和人类社会的相互之间的关系及行为的反省。让“裂变”有充分的广义性、生活的普遍性和耐思耐读性图像并不重要，给人的精神感受才是最重要的。从这个层面上来说，仇德树已对“裂变”艺术的探求负起了文化责任，他的作品是对人文世界的解读和倾注解读后的人文关怀。

后记

裂变——万事万物永远都在分裂与聚合间演变。在创作中撕裂宣纸的行动和留下的裂痕是表现自然的力量与本质，也是人性中宝贵的本性和精神力量。悲惨，磨难，撕心裂肺的创伤会激发超常的能量，就像战争和灾难，锻炼和增强了人类文明建设和复兴。裂变作为一种艺术理念有独特性和时代性，因为我们生活在裂变时代。当原子能、核能在裂变的时候，我们更需要欣赏伤裂启示的反省。

裂是悲伤的、变化的、审美的，它是我精神力量的源泉，也是我理解的生命和其他一切的本质，是我的哲学。

——仇德树

2012年7月28号的凌晨四点，仇德树打开了画室通向南方的一排大窗，空气中传来邻家电视中央体育台主持人激情涌动的声音，他忽然想起四年一届的奥运会就在此刻的伦敦开幕了，他赶紧打开电视，银幕上美轮美奂，许多人在尽情歌唱，银幕下方打出的中文歌词这样写着："嘿，裘德，别难过。找一首忧伤的歌，把它唱得更快乐。记得让它进入你的心田，生活就能更加美好……"此时的仇德树，他的双眼湿润着，是充满着今晨的感慨还是他还未完成的"裂变"的纹呢？"裂变"何尝不是和裘德一样，需要人们更多的关怀和帮助。"裂变"出生在仇德树这一生中最为失败和成功的日子里，

“裂变”仿佛蕴含了仇德树这一生中所有的痛苦和快乐，仇德树忽然发觉了一个词，叫“旧痕新命”，几十年了，仇德树画中的“痕”已一改过去的模样，发生了很大的变化，应该可以被叫做“旧痕新命”了吧。

他当然希望天底下所有的石板不要再一次受到人为的损伤和破裂，天底下的损伤和破裂不要再一次受到人为的扩大和延伸，他也知道，哪怕天底下所有的破裂都已愈合、都已消失，他的“裂变”终将继续。因为巨大的山水是不容怀疑的，唯有人类不断地创新和发现，才会让有形的山水焕发出无形的光彩，穷尽天下的等待。因为自然界永远存在着“裂变”现象，旧的“裂变”还未消失，新的“裂变”又在轰轰烈烈地诞生，这是不以人们意志为转移的客观规律。

耳朵里又传来电视上正在热播的美国达人秀的节目，一堆老人正在用和声代替乐器高唱着“我们美丽的塞拉河……”，一堆年轻人正在敲击着厨房里的锅碗瓢盆，替代传统的鼓、锣、钹发出的声响，高唱着“我们今天的美好生活……”，有人问仇德树，这也是音乐界的一种裂变吗？他笑了，他说：人类近百年来，从印刷机到计算机，从青霉素到防疫针，从基因到分子，从太阳系到生命体，从碳排放到GDP，新西兰的火山仍在喷发，北冰洋的冰山仍在崩塌，你能说哪一处的变化不是裂变呢？仇德树说从天上到地下的“裂变”每天都在继续，山水和人文的图式每天都在更改，根据报摘：人类在太阳系的最边缘又发现了一颗行星，嫦娥已经进入天宫，中国的潜艇已下潜到水下的七千米，当然，明天还会发生些什么呢？他还真不知道。

但他确切地知道，他从“裂变”的道路上一路走来，他在创造一幅又一幅山水“裂变”的同时，也在静静地等待、迎接自身精神和思想上的“裂变”，当然，在有限的岁月中，他不可能“裂”尽天下的山水，天下的水墨，但是，他的“裂变”图式却代表着中国绘画界另一个时代的开始，而这一时代的开始，正是吻合了中国文化大发展、大变革时代的潮流。因此，仇德树的山水“裂变”，在很大的程度上与我们这个文化大发展大进步的时代是相关联和融合的，他或许是代表着今天，但是，他的“裂变”，在一定的意义上说，或许就是代表着一种精神，代表着一种未来。

当代的中国山水画大师李可染、陆俨少，生活在中国禅宗思想里，那就是先看山是山，看水是水；进而看山不是山，看水不是水；复而看山又是山，看水又是水。有人说这是每一个成功的山水画家的三步曲。仇德树无疑也是这样。

所谓“禅”，那就要有所悟，还要悟出道道，悟出思想。好几次与仇德树相会，想谈一谈这个禅字，终究也未谈过。其实与这样一位有着信念有着追求的画家，又何必去谈什么“禅”。有人说他是“裂变”的开山鼻祖，应该大开山门，广收门徒，提高自己这一派地位。也有人建议他去开一个学堂，来传授他的独门技法。他听了皆付之一笑。仇德树，早已在艺术这棵大树下参悟得很透了。

他的一生就是一首最好的“禅”诗。我从未见过他绘画，但当我有幸走进他那间租来的像车间一样宽敞的画室里，便肃然起敬，对艺术的心也无比虔诚起来。每天他就是这样攀登梯子，在巨大的画架前，上上下下折腾着：时而在画板上贴一层层宣纸，时而在宣纸上涂上一重重色彩，时而又独具匠心地撕裂出自己所追求的构图。那委实是一项体力活，较之于那些随意涂上几笔的写意画，不知要付出多少倍的艰苦与努力。

在本文杀青之际，我们听说今年11月将在英国伦敦豪士画廊举办仇德树的个人画展，画廊的经理和他联络，说有一个法国巴黎的艺术评论家“奥丽维亚”要采访他，为他写一篇文章，仇德树欣然答应了。于是在长途电话中，上海、伦敦、巴黎三方开始了长达两个小时的访谈。访谈是轻松的，也是活泼的。法国评论家提的问题显然是经过精心准备的，她问了仇德树对艺术发展中很多问题的看法，最后她问：虽然您现在很健康，也很年轻，但是您有没有想过，当您去世后，您想留给后人的是什么？仇德树十分坦率地回答：“我想让人们记得我的绘画，在我的作品里，有我们这代人的思想、遭遇、追求，以及自主创新的奋斗精神。”

当然，对于仇德树的“裂变”，画坛上还是众说纷纭，仁者见仁，智者见智，是耶？非耶？后人自会评说。但谁也不能否定仇德树作为中国画坛上一个改革者的形象，即使说他是一位开创了当代山水画的先驱者也一点儿不为过。无论褒也好，贬也罢，与中国绘画史、乃至世界绘画史上一切领变革之新风的画家一样，仇德树也一定会有自己的画坛地位。

附录

“法度与自由”的随想

新时代创作水墨画，这里的“法度与自由”由谁制订？艺术家的个性不同，追求不同，时代也和过去不同，有时这个“法度”就是“自由”的对手，互相牵制束缚。

你感到水墨媒材和传统的法度给予你的艺术表现的“自由”充分吗？假如当你感到水墨给予你的“法度与自由”和你的新思想发生冲突，或者不合适你的艺术表达所需时，你能不能开辟新画道、创造新画种？使用新技法、新材料？如此，自然就要设立新的“法度与自由”。

我确信，这样的“法度与自由”才真正具有价值。因为水墨毕竟是先贤所创，我们只不过在先贤造就的框架范围内享受“自由”的乐趣。同时不知不觉接受先贤制订的“法度”，而不是自己的，也不是当代的。

艺术家理当在自己的艺术天地里独来独往，称王称霸，为了使自己的作品勇攀高峰，必须自己为自己的艺术确立“法度与自由”。甚至这“法度与自由”需要延伸到“画外”，即艺术家的人生观。

米开朗琪罗的艺术让众人敬佩、心服。我看到的主要亮点不是他的艺术语言，而是他作品中表现出来的不可战胜的精神力量。这位亡命之徒、艺术英雄，绝不会放弃“法度与自由”的制订权，因为这是他超越一切的手段和利器。

当代水墨文化需要这种精神力量，每个艺术家都有权为自己的艺术制订“法度与自由”。重视“法度”的自主性是必要的，因为没有自己的“法度”就不会有真正的“自由”。

1979年，我在上海卢湾区文化馆任美工，时值改革开放的春风吹遍神州大地。我发起和组织了“草草社”，“独立精神，独特技法，独创风格”为结社的艺术宗旨。其实这就是一群有活力的中、青年画家在新时期为自己制订的“法度与自由”。为此我险遭牢狱之灾。想不到三十年过去了，我们又重谈“方向”问题，真是悲喜交加。

达芬奇用科学精神支配自己的绘画艺术，他的“法度与自由”和波洛克有天壤之别，后者为了释放生命的活力，使“法度与自由”走到了另一个极端。宋徽宗的书法瘦金体与工笔画让观众感受到“法度与自由”是充分的严谨而优雅，八大的书法和写意画则让人感受到他的真诚和潜藏的悲伤。他们都掌握并应用了属于自己的“法度”，才获得了真正属于他们个人的“自由”：这就是个性鲜明的艺术语言。

也可以这样说：人类的艺术发展史是艺术家创作的理念、技法、媒材和趣味不断调整，发现新的“法度与自由”的结果而形成的。水墨画作为一种民族精神的象征也好，作为艺术的一种媒材、品种也好，我看不出现在的水墨画和其他绘画在“法度与自由”的规律方面有什么根本性的不同。我只是觉得相对传统油画而言，我国传统水墨画的外围可能存在较大的发展空间。我们也需要开拓新的艺术空间，这就需要我们在水墨文化自身内部发生裂变、重生，而不是首先想到从其他文化载体上汲取营养，借用“外力”的艺术只能改良而已。我祝愿水墨画界的朋友们创造新的“法度”，取得新的“自由”，在创新为国策的时代里，以宽阔的心胸迎接更复杂更艰难更丰富多样的挑战。

仇德树

2012 年 9 月 18 日

仇德树答沈其斌谈“裂变”

宣纸被我撕裂、重组、裱托，这是我创作每幅作品的开始阶段，用以表达“裂变”的理念。事实上在创作中，因没有前例，我只能独创新的技法或使用发现新的材料才能完成它们的表达。我放弃了传统的笔墨规范，也不受西方当代艺术框架束缚。

裂变——万事万物永远都在分裂与聚合之间演变，细胞分裂产生生命，能量大爆裂产生宇宙。在创作中撕裂宣纸的行动和留下的裂痕是表现人和自然的创伤与本质。

悲痛，屈辱，磨难，撕心裂肺的创伤会激发超常的能量，就像战争和灾难，锻炼和增强了人类文明建设和复兴。“裂”作为一种艺术理念有独特性和时代性。因为我们生活在“裂变”时代。当原子能、核能在裂变的时候，我们特别需要体验伤裂启示的反省。

裂是悲伤的、平凡的、非凡的、变化的、审美的，它能激发起无限的想象力和精神力量，是我的哲学，它昭示人性中最可贵的东西，而且我发现它可以被创造成为新的艺术形式，有视觉性。

我的每一件作品都是我的理念储存，居住的建筑。建筑当然要经得起千秋万代的考验，在此，材料、技术、形式、结构、空间自成体系。独创性和长期努力的连续性决定它们不时尚，不跟风，但它们是对这个时代思考后留下来的东西。

我喜欢以山水画的符号和传统绘画的阅读方法作为“裂变”的载体。我希望我的山水画有新时代的精神面貌。在创作过程中，我充分挖掘宣纸的材质特性，通过对宣纸的多次、多层的撕、裱、磨、雕的技法，结合丙烯颜料的特性，丙烯颜料在性能上比传统国画颜料有不少优点，通过偶然性与可控性达到新的视觉冲击力。

客观地讲，“裂变”，这是当代新画种，是我的绘画语言。从1982年开始，我一直在此独自奋斗。它既不同于古人，也不同于洋人，与众不同。只有我这么做，这就是我的特色——唯一性。我的艺术是面对现实，表现当代人性的艺术。

在中国传统绘画中有不少值得我们敬佩和自豪的经典作品，它们构筑成古代东方文化的巅峰。它是在非常漫长的历史长河里逐步完善、沉积和深入中国人内心的绘画艺术。特别是传统的山水画，几乎可以称为我们的精神家园。但是现在我们面对全球化的经济、科技、文化的大发展，大交流，大竞争，一切都在发生裂变，传统绘画也面临必须裂变与创新，只有创新才有生命力。下面重点谈谈我的四点创新。

首先我发展出一种绘画方法。我在宣纸半干半湿时，在撕裂宣纸的同时和绘画一起操作。当画面形成后，用传统书画的裱托方法把它们整体地裱托起来，显然这比西方的拼贴方法有效。我把传统绘画装裱工艺发展成绘画创作的新技法。

其次我创造一种新的绘画线条“裂”。因为宣纸在半干半湿时被撕裂，在边沿会留下“毛口”，它们像海岸线，天趣自然。“裂痕”具有强大的表现力，粗、细、长、短，可以自由组合。黑底色衬托白裂线，白底色衬托黑裂线……它们可以接纳各种颜色。在传统绘画中，笔墨的最高境界就是天趣自然，此为天意，天人合一。现在我们可以在绘画中看到天趣自然的本身就是“裂”。它的源头在东方文明初创期，在刻甲骨文的龟壳上，古人就根据天意“裂”算命占卜。上千年来，中国宣纸是我国传统绘画的主要材料，是水墨画载体。现在它的功能被改变了，它被撕成各种裂线，组成艺术的形式之美，它的材料个性被重新发现，被提升为绘画本身，直接成为审美主体。

第三点，我发现宣纸有可雕塑的特性，对于这一点，没有看到我作品原作的人，我很难用文字表述清楚。就像“气韵生动”只能和悟性产生联想。是的，这只能是超薄型的雕塑，它的微妙变化恰恰是我作品的一大亮点。我通过擦、磨、雕、挖等新技法，使作品产生灵气和激情，并且进一步发挥宣纸的材料个性，丰富扩展了宣纸所特有的表现力。

第四，为了让颜色产生“可控制的偶然性”，也为了让颜色与撕裂宣纸的画法和宣纸材料的个性美充分地结合，我使用颜色的方法都是先涂在其他宣纸上，再通过裱托，埋藏在下层或下下层。上层宣纸因经过撕裂，再经过擦、磨、雕、挖，一部分原先埋藏的颜色就透出来，或者局部透出来。另一部分就永久埋藏在下层，被上层洁白的宣纸遮蔽掉，或者局部遮蔽掉。可控制的偶然性颜色效果就这样产生了。对所有（包括西方）使用颜色的绘画来说，这是颠覆性的、独创性的结构调整。这种颜色技法的独特效果是整体性的艺术创新的需要，没有先例。

以上四点创新是我的艺术和传统的联系，对传统的贡献。因为我是当代的中国人，我要用艺术表达我的主见，爱护自己文化的根。

关于仇德树的一点想法

在东西方，有多少现代画家的作品可以为观众带来纯粹的视觉享受？不仅如此，就算做到了这一点，是否就够了呢？无论是古典或是现代，迄今顶级的中国山水画的价值在于作品中透射出的超越视觉的意境。

仇德树的作品极具视觉冲击力，而其内在的品质可能无法即刻展现出来——然而这些品质却的确在那里，增添了作品的深度，尽管这些作品在被大多数西方人欣赏的时候，第一眼感觉仅是漂亮。

多年来，欣赏者已经熟悉了仇德树山水画强烈的形式感，在生动的色彩中，画面仿佛瞬间冻结于清澈的冰块中。近年来得到彻底释放的想象力充满活力，他的意象自由地跃然纸上，仿佛有魔力使之栩栩如生。

就像米罗，仇德树乐在画道，并且他把这种欢乐传递给我们。作为观看者，这是一种愉悦的体验。

麦克·沙利文

2012 年 9 月于牛津大学

（麦克·沙利文：牛津大学终身教授。英国艺术史学家，西方首先致力于研究及评论中国现代艺术的重要先锋之一。）

仇德树艺术年表

1948，出生于上海。

1968–1978，高中毕业，先后任上塑十八厂及卢湾区文化馆美工，其间多次参加上海及全国美展。

1979，组织“草草画社”，提倡艺术的独创性。

1982，逆境中发现裂痕，并从此确认“裂变”为艺术语言和哲学基础。

1985–1986，美国波士顿塔夫茨大学任访问学者并成功举办四次个人画展。完成校园中心巨幅壁画。

1986，结束在美国的工作回国。辞去公职，成为职业画家。

1987，作品和传略选入美国艺术史家柯恩编写的《新中国绘画 1948–1986》一书，其中一幅作品被选入该书扉页。

1988，应美国哈佛大学“费正清中心”邀请，再次赴美讲学，并举办展览。

1996，作为“上海水墨”代表，出席美国图森亚利桑那大学美术馆举办的“上

海水墨画展”开幕式并讲学。

1998，部长级会议“后京都议定书：亚太地区能源与环境会议”于美国Polson举行，仇德树作品被选择在现场展示。

2005，刘国松、陈家泠、仇德树、陈九、尚辉共同商议发起在朱屺瞻美术馆与多伦现代美术馆成立“新水墨艺术基地”。

2006，作为国际著名的现代水墨画家，应美国协和文化基金会邀请，参加5月22号在纽约曼哈顿亚洲文化中心艺廊举办的“国际现代水墨大展”。

2007，应邀为上海虹口足球场贵宾厅绘制大型壁画。

2007，作品被收入由上海人民美术出版社出版的《上海书画家名典》。

2008，应邀参加上海美术馆“上海现代水墨”系列展，在美术馆底楼两个大厅展出改革开放后到2008各个时期代表性作品。

2008，作品入选“水墨新境——中国当代水墨展”，德国德累斯顿艺术收藏馆展出，由中国美术馆和德国德累斯顿艺术收藏馆、德国柏林国家博物馆合作举办。

2009，《裂变——十二（月）章“对话仇德树”》由上海百家出版社出版。

2009，作品“遥观海天”入选由潘公凯任总主编，人民出版社发行的《中国美术六十年》大型画册。

个展

1985，“裂变”，美国波士顿“塔夫茨大学画廊”。

1985，“裂变”，美国哈佛大学画廊。

1986，“裂变”，美国波士顿中国文化学院。

1988，“裂变”，美国哈佛大学“费正清中国研究中心”。

1988，“仇德树回顾展（1981-1988）”，纽约 SOHO 艺波画廊。

1992，“裂变——仇德树”，德国 Lommel 画廊。

1992，“裂变——仇德树”，澳大利亚昆士兰默鲁基议会厅画廊，努萨雷琴画廊巡回展。

1993，“裂变——仇德树”，波特曼商城四楼中厅上海美国文化中心主办。

1994，“裂变——仇德树”，上海美术馆主办。

出版《裂变——仇德树》画册和《裂变——仇德树》评论文集。

1994，“裂变”，台湾蟠龙艺术中心。

1996，“本原——演化——升华”，香港万玉堂画廊，新加坡万玉堂画廊。

1999，“裂变——仇德树”，德国驻沪总领事馆主办。

2000，“裂变——仇德树”，韩国首尔亚洲美术馆举办。

2000，“裂变——仇德树”，北京四合苑画廊。

2003，“裂变——仇德树”，纽约 Goedhuis 画廊。

2004，“裂变——仇德树新作展”，海上山艺术中心。

2004，“裂变仇德树——现代中国艺术展”，瑞士日内瓦福莱特尔画廊。

2005，“裂变——仇德树新作展”，台湾长流美术馆。

2006，“来自中国的当代绘画——仇德树个展”，德国法兰克福。

2007，“裂变——山水画”，仇德树近作展，上海莫干山路 Leda 画廊。

2007，“裂变——山水画”，仇德树近作展，瑞士日内瓦福莱特尔画廊。

2007，“仇德树——草草社之后的十年”，上海多伦现代美术馆底楼。

2008，“裂变——仇德树”，上海美术馆“上海现代水墨”系列展。

2008，“裂变——仇德树”，香港“一画廊”。

2008，“裂变——仇德树”，北京水墨雍和艺术空间。

2010，“裂变——广厦·庭园 仇德树近作展”，上海吴昌硕纪念馆，上海浦东文化传媒有限公司主办。

2011，“裂变新作展”，上海大剧院画廊。

2012，“2012 双城记中国新绘画系列个展 仇德树——裂变”，杭州天仁合艺艺术中心。

2012，“仇德树”，英国伦敦 Michael Goedhuis 画廊。

联展

1980，“八十年代”画展，草草画社第一次展览，上海卢湾区文化馆。

1982，“心迹”画展，美国东部巡回展览，由美国艺术史家柯恩策划组织。

1984，“仇德树、孔柏基联展”，美国普林斯顿大学美术馆。

1986，中国四人展，美国纽约。

1987，中国画展，香港万玉堂画廊。

1990，“新一代的中国美术”联展，美国马萨诸塞州史密斯学校艺术博物馆。

1990，亚洲艺术家联展，香港演艺中心。

1992，“K18 群星会展”，德国卡塞尔。

1993，上海现代艺术展，日本横滨。

1993，“仇德树、李厚水墨画展”，兰馨珠宝文物商行。

1993，上海——台北现代水墨画展，上海美术馆。

1993，首届东亚运动会画展，上海美术馆。

1994，“中国现代水墨画两岸两人（刘国松、仇德树）作品展”，珠海。

1994，两岸三地中国现代水墨画大展，台湾台中省立美术馆。

1994，“东西相遇：20世纪后期中国艺术的转变”，美国康涅狄格州布立奇港。

1994，中国、日本、韩国及香港地区美术交流邀请展，香港。

1995，韩国第一届光州国际艺术双年展，韩国光州。

1995，“中国画25年 1970-1995”，英国伦敦Michael Goedhuis画廊。

1996，“上海墨”，美国图森亚利桑那大学。

1996，中国当代绘画和雕塑联展，英国伦敦Michael Goedhuis画廊。

1996，台北国际艺术博览会。

1997，“创意荟萃”，香港会议展览中心。

1997，中国艺术大展——庆祝中国政府恢复对香港行使主权，上海图书馆。

1997，上海艺术家作品展，俄罗斯圣彼得堡。

1997，当代和古代亚洲艺术，英国伦敦Michael Goedhuis 画廊。

1998，上海美术馆第二届双年展，上海美术馆，刘海粟美术馆。

1998，第一届国际水墨画双年展，深圳关山月美术馆。

1998，台湾彩墨新貌展，台湾。

1998，“仇德树、王劲松艺术——当代中国的对比概念”，美国丹佛。

1998，当代中国画家作品展，深圳画院。

1998-1999，第三届国际彩墨画展，台北、法国、深圳、萨尔瓦多巡回展。

1999，“幻想2000年——中国彩墨媒体绘画和雕塑展”，德国卢卑克、斯图加特、多特蒙德。

1999，名人名作艺术展，上海展览中心。

1999，中日现代美术友好交流展，刘海粟美术馆。

1999，“现代风采”，上海解放五十周年美术作品展。

2000，“新中国画大展”巡回展，上海、南京。

2000，第二届国际水墨画双年展，深圳关山月美术馆。

2000，“上海——台湾 新世纪水墨对话”，上海大学美术学院画廊。

2001，“无际中华”新中国画展，美国纽约。

2001，“形而上抽象画展”，上海美术馆。

2001，西安国际水墨画邀请展。

2001，第一届成都双年展。

2001，“探索与个性”，上海中国画院。

2001，“上海——台湾 新世纪水墨对话”，台北国父纪念馆。

2001，“世纪’01 海上画坛十人展”，刘海粟美术馆。

2001，荣宝斋创刊一周年书画名家邀请展。

2002，“石头和艺术”，美国纽约前波画廊。

2002，“东＋西 中国当代艺术展”，奥地利。

2002，“形而上抽象画展”，上海美术馆。

2002，第一届广州三年展，广州美术馆。

2002，“海上山水墨艺术邀请展”，海上山艺术中心。

2002，“探索与个性”，上海中国画院。

2003，今日中国美术大展，中国世纪坛艺术馆。

2004，“探索与个性”，上海中国画院。

2004，“凸现图式——上海美术馆当代水墨藏画展”，上海美术馆。

2004，上海抽象艺术大展，上海明圆文化艺术中心。

2004，首届美术文献提名展，武汉。

2004，中国国际画廊博览会，北京。

2004，2004 上海艺术博览会。

2004，“探索与个性”，上海中国画院。

2004-2006，“国际水墨大展”全台与中国大陆巡回展，出版画册与评论文专辑。

2004，“龙族之梦——中国当代艺术展”，爱尔兰。

2004，半岛艺术中心首展，半岛美术馆。

2004，“超写意艺术现象展”，上海东大名路安德雷斯国际艺术中心。

2004，纪念邓小平百年诞辰画展，出版《白猫图》画册，海上山艺术中心、明园艺术中心。

2005，“天地人和——刘国松、陈家泠、仇德树画展”，上海多伦现代美术馆。

2005，庆祝朱屺瞻艺术馆建馆10周年中国书画名家画梅展。

2005，上海·香港艺术交流展，香港大会堂，上海中国画院。

2005，上海中青年艺术家推荐展，特邀画家。

2005，2005水墨艺术交流展，上海中国画院。

2005，“草草画社25周年纪念展”，上海海上山艺术中心主办。

2005，2005台北国际艺术博览会。

2005，2005上海艺术博览会。

2005，“探索与个性”，上海中国画院。

2005，“幻想——现实”，安德雷斯国际艺术中心。

2006，“水墨再生——上海新水墨艺术大展”，上海朱屺瞻艺术馆与上海多伦现代美术馆联合主办。

2006，上海国际科学与艺术展，上海明珠大厅。

2006，国际现代水墨画大展，美国纽约曼哈顿亚洲文化中心艺廊。

2006，第21届亚洲国际艺术展，新加坡国家美术馆。

2006，中国水墨文献展1976—2006，江苏省美术馆。

2006，第一届台北当代水墨双年展，台湾国父纪念馆。

2006，2006上海艺术博览会。

2006，“探索与个性”，上海中国画院。

2006，“情系华夏”艺术家邀请展，中信泰富展厅。

2006，“当代·笔墨 上海水墨艺术大展”，上海明圆文化艺术中心。

2006，“宝岛印象”，上海美术馆。

2006，“状态与回归——2006现代绘画作品邀请展”，明圆文化艺术中心。

2006，“纪念鲁迅 甘为孺子牛画展”，上海浦东张江。

2007，“墨缘100中国宋庄水墨同盟第2届名家邀请展”，北京宋庄。

2007，“当代呈现”，上海敦煌艺术中心。

2007，“水墨在途——上海新水墨艺术大展”，上海多伦现代美术馆，朱屺瞻艺术馆。

2007，“2007文脉当代中国版本大型综合艺术展”，北京今日美术馆。

2007，“中国趋势 中国当代艺术 1966-2006”，丹麦Lousiana美术馆。

2007，“海上墨韵——国画名家风情画邀请展”，上海朱屺瞻艺术馆。

2007，“东西对话”，德国科布伦茨市Haus Metternich美术馆。

2007，“水墨新貌——现代水墨画联展暨学术研讨会”，香港信和广场。

2007，2007上海油画名家邀请展，上海中信泰富广场。

2007，当代艺术与设计邀请展，上海张家浜创意街。

2007，“探索与个性”，上海中国画院。

2007，“宝岛印象”，台北市国父纪念馆。

2007，“浪潮”，上海杨树浦路“朝”画廊。

2008，“时间·地点·人物——2008 中德当代艺术展”，上海徐汇艺术馆。

2008，当代艺术展，上海文定创意园区。

2008，瑞典“中国蓝”艺术节，瑞典马尔默诺市。

2008，“转向抽象1976-1985上海实验艺术回顾展”，上海证大现代艺术馆。

2008，“水墨新境：中国当代水墨”，德国德累斯顿艺术收藏馆。

2008，“奥林匹克美术大会”，中国美术家协会主办，北京中国国际展览中心。

2008，欧中纸艺术大展，奥地利造纸博物馆。

2008，“水墨演义——当代艺术家提名展”，北京当代艺术馆，柏林Raab Galerie，哈佛大学“费正清中国研究中心”。

2008，“啊！我们——中国三十年当代艺术展”，北京国家大剧院（巡展城市：成都、深圳、温州、上海、澳门、台北等地）。

2008，“水墨主义”，北京上上美术馆。

2008，2008上海艺术博览会。

2008,“与时代同行——纪念改革开放30周年长三角美术作品巡回展”,上海、杭州、南京。

2008，“来自会员新信息”，美国史密斯学校艺术博物馆。

2009,“水墨当下——新水墨艺术大展”,上海多伦现代美术馆,朱屺瞻艺术馆。

2009，“水墨文章——当代水墨陈列展”，武汉美术馆。

2009，“水墨方向”，上海证大现代艺术馆朱家角分馆。

2009，“开显与时变——创新水墨艺术展”，台北市立美术馆。

2009，“上海故事——上海美术馆馆藏作品展”，台北市立美术馆。

2009，“上海滩 1979-2009，上海艺术家个案”，上海。

2009，中华人民共和国60周年书画艺术成果展——当代艺术展，北京。

2010,“水墨时代——新水墨艺术大展”,上海多伦现代美术馆,朱屺瞻艺术馆。

2010，上海春季艺术沙龙。

2010，沪港当代水墨名家展，香港云峰画廊。

2010，“归去来兮——首届浦东机场当代绘画展”，上海浦东国际机场 T2 航站楼。

2010,“首届新水墨艺术邀请展”巡回展,上海明园艺术中心,广东岭南美术馆。

2010，“水墨新境——中国当代水墨展”，上海莫干山路 M50 艺术空间。

2010，2010 上海艺术博览会。

2010，“跨越欧亚世博行”对话文明（巴黎——上海）中法艺术家世界遗产发现之旅作品大展，杭州浙江美术馆，上海世博会主题馆，法国国立巴黎高等美术学院。

2010，当代中国水墨画展，美国阿肯色州蒙拉画廊。

2011，“水墨再现——当代水墨艺术世界巡展”，德国柏林中国文化中心，Loh Gallery 主办。

2011，“暗影下绽放的花朵 1974-1985 的中国在野艺术”，美国纽约华美协进社中国美术馆。

2011，春季艺术沙龙。

2011，“水墨再现”，当代水墨艺术世界巡展，柏林。

2011，2011 上海艺术博览会。

2011，“艺汇狮城”中国当代水墨画展，新加坡。

2011，“新境界”中国当代艺术展，中国美术馆、澳大利亚国家博物馆共同举办，展出于澳大利亚国家博物馆。

2011，“白线的张力”，台北国父纪念馆，广东翠亨美术馆。

2011，“新中国绘画”，杭州天仁合艺艺术中心。

2011，“2011 文脉中国‘超写意’架上 10+10”，北京当代艺术馆，北京香山美术馆。

2012，“品藏东方——中国经典艺术展”，上海美术馆，昊美术馆（筹）。

2012，“汇墨高升 2012 国际水墨大展暨学术研讨会”，台北国父纪念馆，中山国家画廊。

2012，“白线的张力”，上海朱屺瞻艺术馆。

2012，“2012 文脉中国”，三川当代美术馆，江苏南京。

2012，“墨：来自中国的艺术”，英国伦敦 Saatchi 美术馆，伦敦 Michael Goedhuis 画廊策划举办。

2012，“相约上海”国际艺术展，上海浦东新区图书馆。

2012，“2012 上海中国现代艺术展”，澳大利亚墨尔本。

“白线的张力”，两岸三地现代水墨展，台湾新竹交通大学艺文空间。

“自由的尺度——中国当代水墨关怀名家邀请展”（第三回）。

收藏机构

中国美术馆
上海美术馆
上海图书馆
上海浦东国际机场
上海市政府法制研究所
上海多伦现代美术馆
上海朱屺瞻艺术馆
上海中信泰富广场有限公司
上海法华学问寺
上海紫江集团
深圳美术馆
上海市对外文化交流协会
中国工商银行私人银行部（上海）
上海虹口足球场
上海奥赛画廊
上海由由大酒店
北京威斯汀大酒店
上海震旦大厦
上海秋雨印刷有限公司
北京水墨雍和文化发展有限公司
西门子北京中国总部
台湾台中省立美术馆
台湾长流美术馆
台湾华威集团
香港地铁公司
香港长江集团
香港艺倡画廊
奥林匹克美术馆
美国普林斯顿大学美术馆
美国波士顿美术馆
英国牛津大学沙利文陈列馆
美国耶鲁大学美术馆
美国华盛顿国家美术馆
美国波士顿塔夫茨大学美术馆
美国图森亚利桑那大学美术馆
美国旧金山亚洲艺术博物馆
美国宝维斯律师事务所
美国美迈斯律师事务所
英国伦敦 Goedhuis 画廊
美国纽约保宋堂
美国丹佛飞龙画廊
美国纽约艺波画廊
美国纽约大学法学院
美国麻省史密斯学院博物馆
法国敦刻尔克现代美术馆
韩国亚洲美术馆
韩国衣恋集团
韩国首尔麦粒美术馆
德国汉堡市政厅
德国驻上海总领事馆
德国陆梅画廊
澳大利亚昆士兰默鲁基议会
澳大利亚努萨艺术中心

仇德树
作品选

裂变—祥云（3联屏）
2006年
300 × 66cm × 3
宣纸，丙烯色，画布

学习石涛
1963 年
28.5 × 247 cm
水墨，皮纸，印章

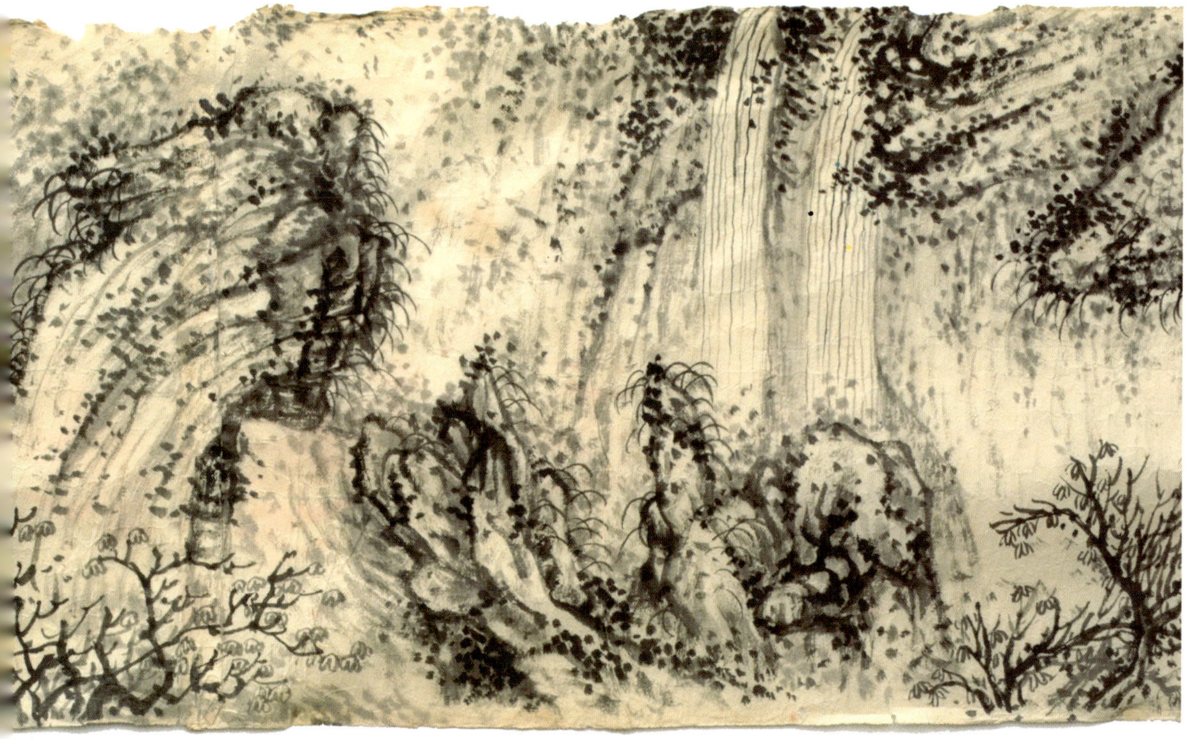

书法抽象化之一
1978 年
70 × 140cm
宣纸，水墨，印章

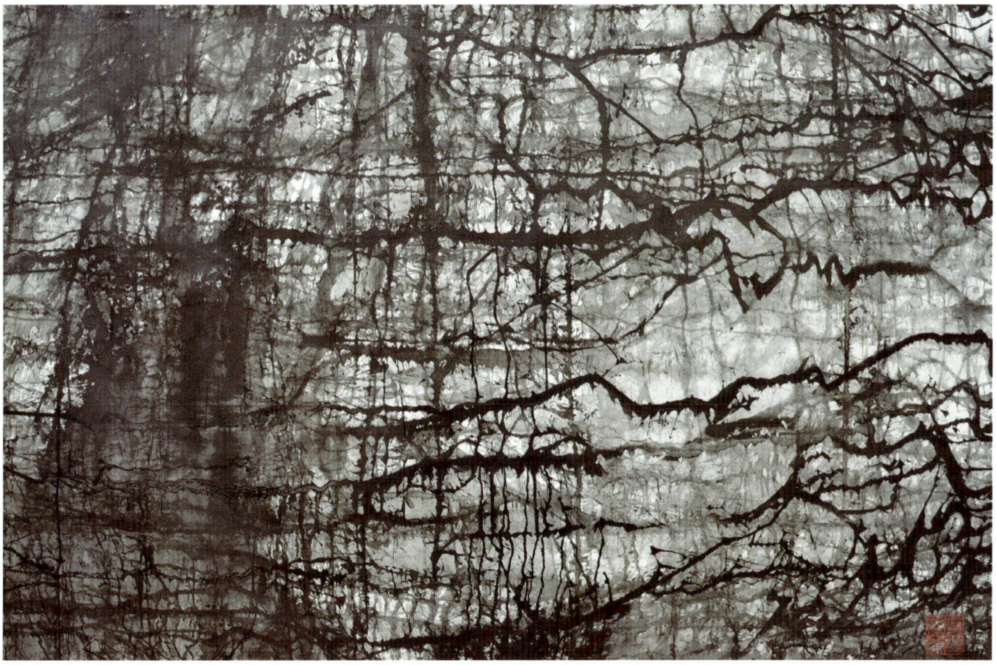

墨韵
1979 年
67 × 104cm
熟宣纸，水墨，印

裂变—戏闹的脸谱
1986–1990 年
120 × 120cm
水墨，丙烯色，宣纸，画布

裂变—戏闹的脸谱
1986–1990 年
120 × 180cm
水墨，丙烯色，宣纸，画布

裂变—戏闹的脸谱
1986-1990 年
120 × 180cm
水墨，丙烯色，宣纸，画布

在不安的世界里
1979 年
136 × 263cm
宣纸，水墨，水彩，印章

大吼
1980 年
129.6 × 269cm
水墨，宣纸，红印

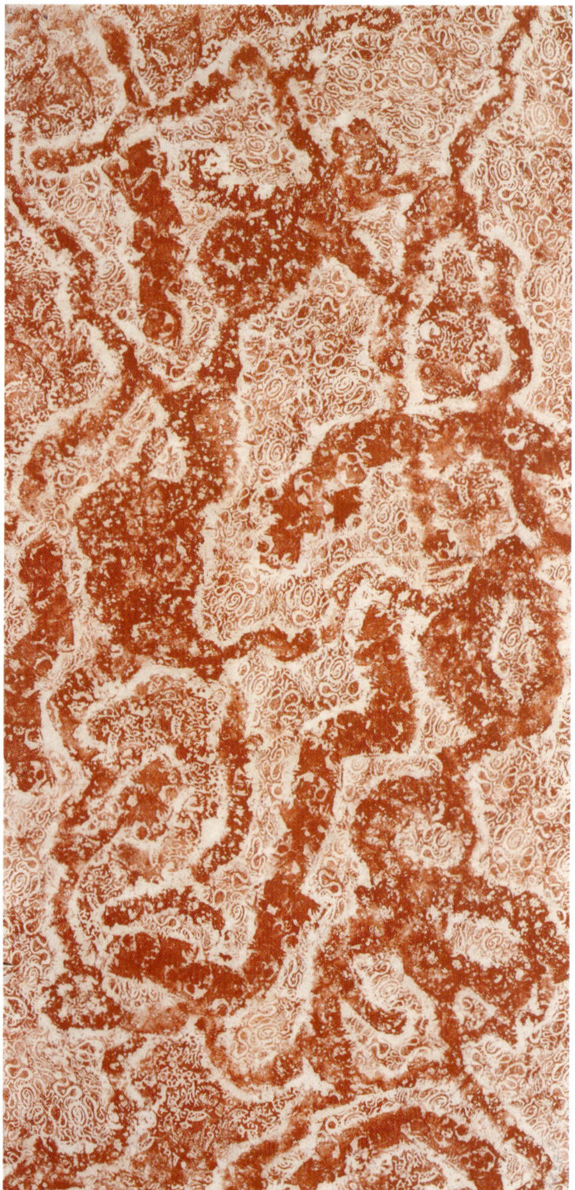

印章归扑
1981 年
69 × 138.5cm
连史纸，红印

红印与黑墨对话
1981 年
109.3 × 63cm
宣纸，水墨，红印

节制（砖刻）
1980 年
26.8 × 14cm
纸本，水墨

戏闹
1980 年
70 × 142cm
水墨，水粉，纸本，红印

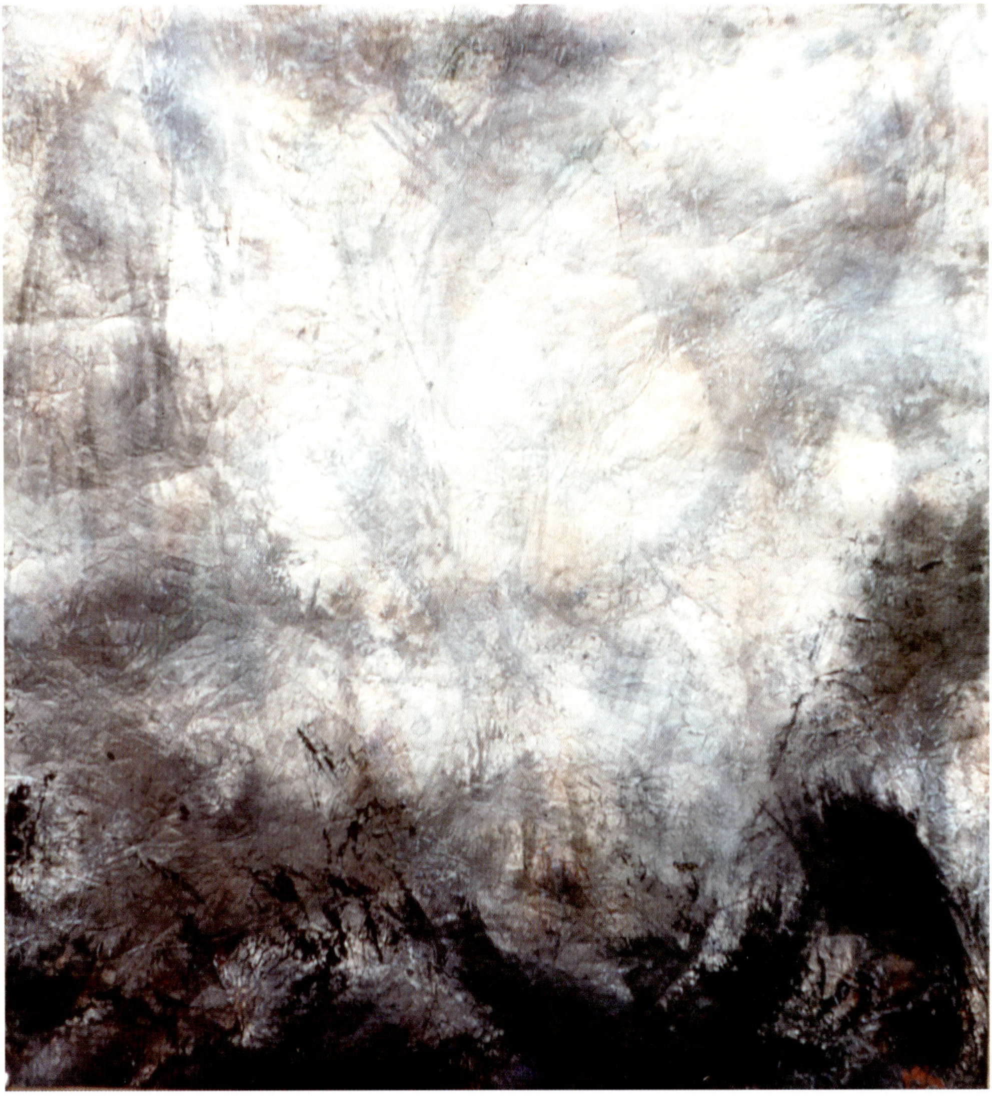

碰撞与融合之五
1981 年
96 × 90cm
宣纸，油彩，水墨

深渊
1981 年
70 × 140cm
水墨，纸本，红印

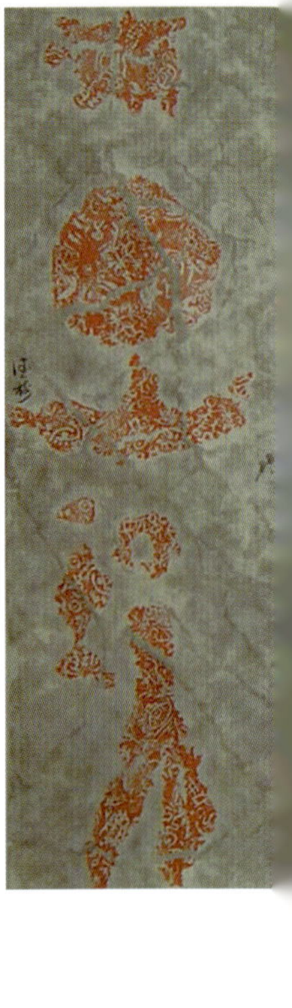

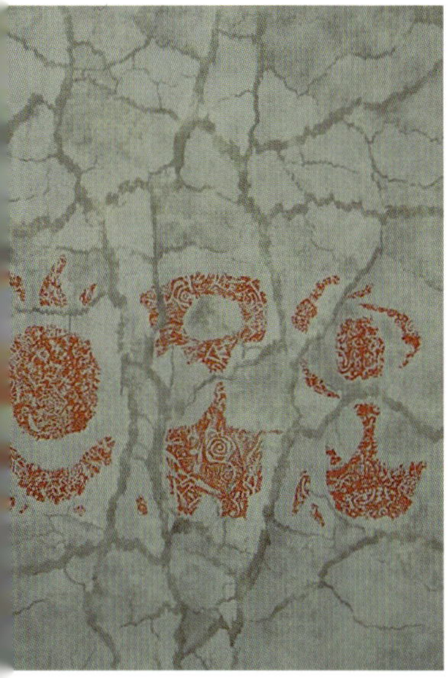

裂变—和祖先私语之一
1987—1988 年
43 × 61cm
宣纸，红印，水墨

裂变—和祖先私语之二
1987—1988 年
43 × 61cm
宣纸，红印，水墨

裂变—和祖先私语之三
1987—1988 年
43 × 61cm
宣纸，红印，水墨

裂变—和祖先私语之四
1987—1988 年
43 × 61cm
宣纸，红印，水墨

裂变—和祖先私语之五
1987—1988 年
43 × 61cm
宣纸，红印，水墨

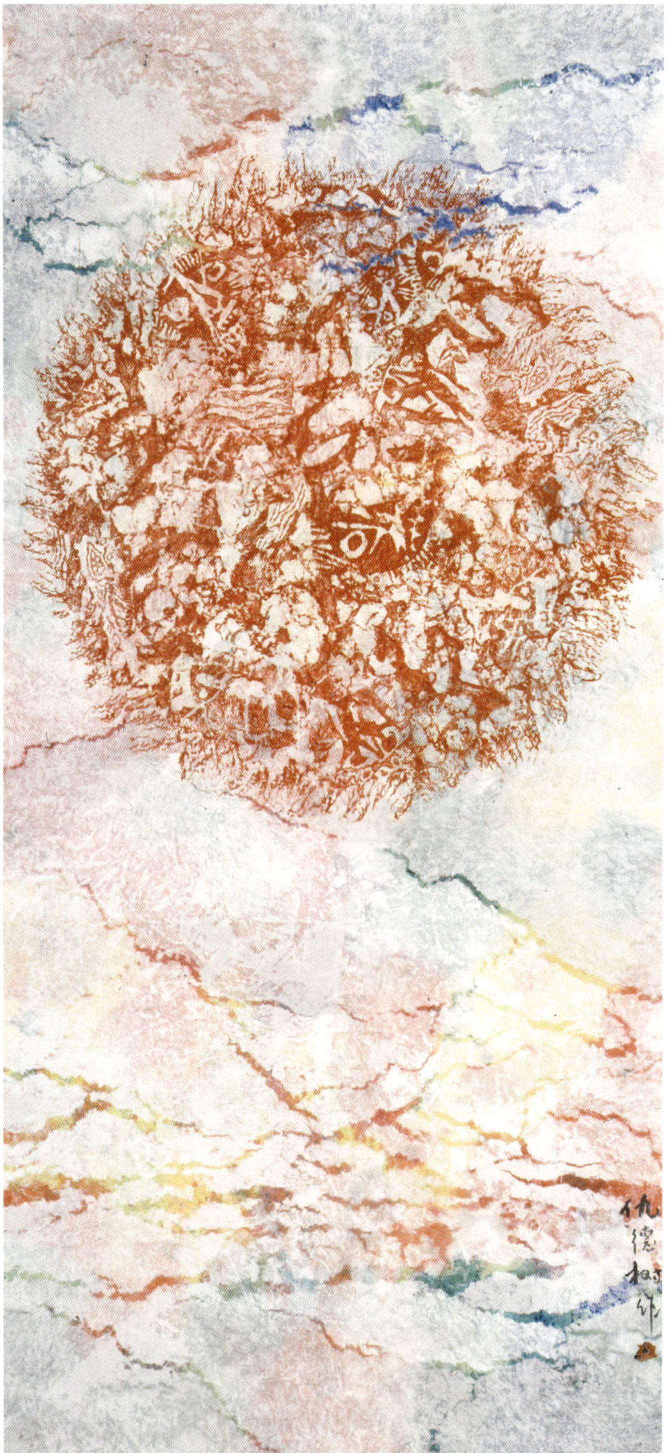

裂变—印章升
1984 年
133.8 × 63.5cm
纸本，红印泥

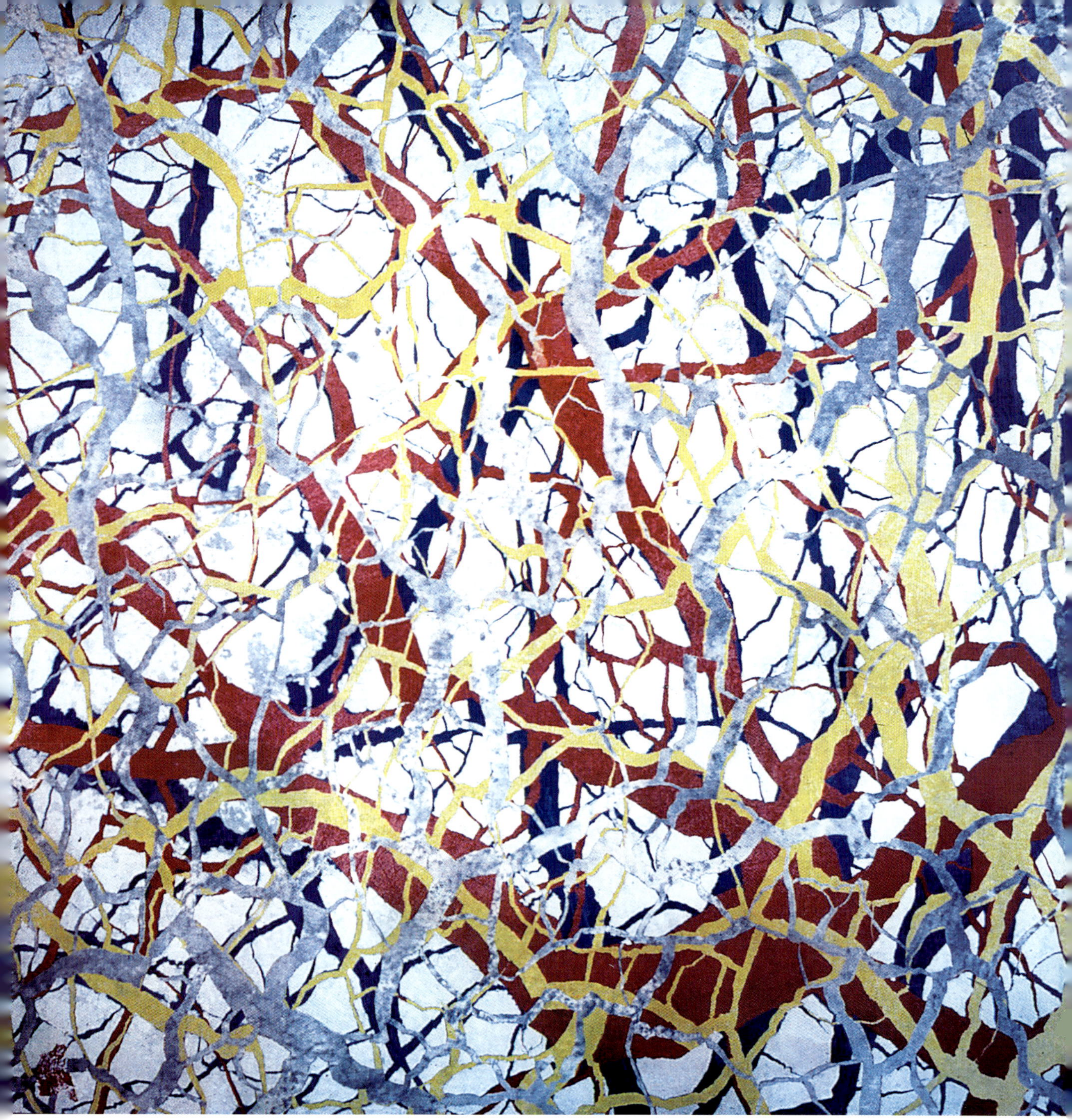

裂变—华彩乐章
1984 年
125 × 120cm
宣纸，丙烯色

裂变—精神
1985 年
为美国塔夫茨大学校园中心创作壁画
宣纸，丙烯色，画布

裂变—华彩乐橙调
1989–1990 年
145 × 245cm
宣纸，丙烯色，画布

裂变颂
1989—1990 年
402 × 222cm × 2
宣纸，丙烯色，画布

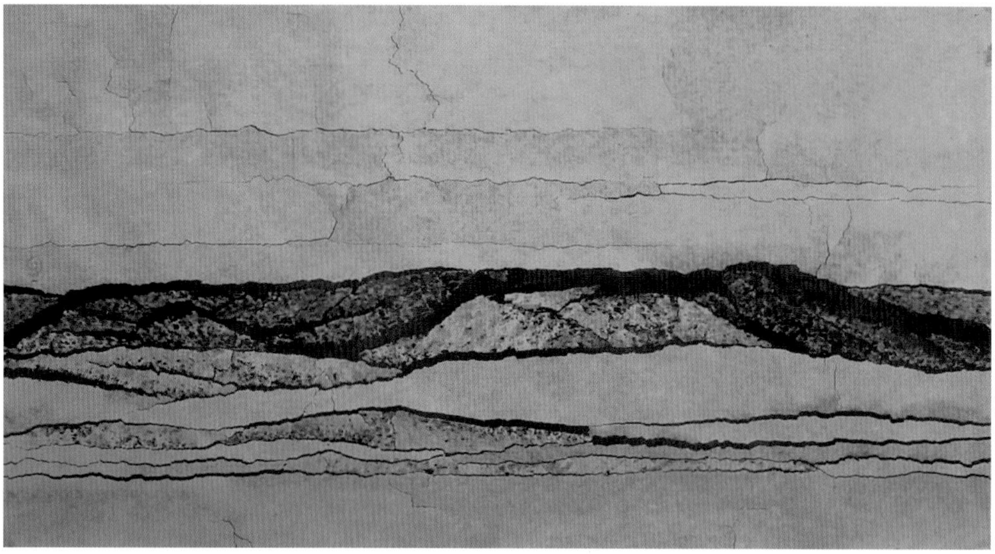

裂变—山景
1992–1993 年
82 × 141cm
宣纸，丙烯色，布

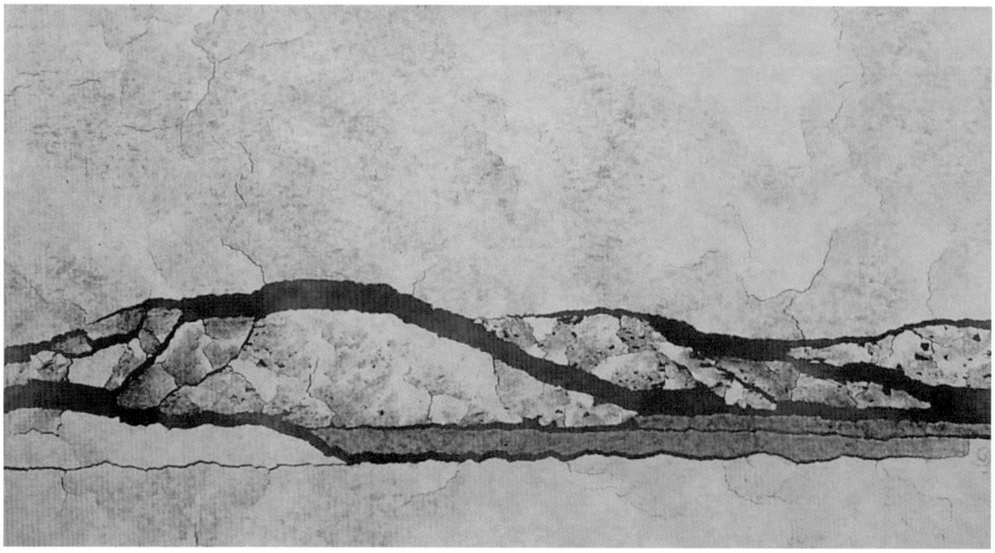

裂变—山景
1992–1993 年
82 × 141cm
宣纸，丙烯色，布

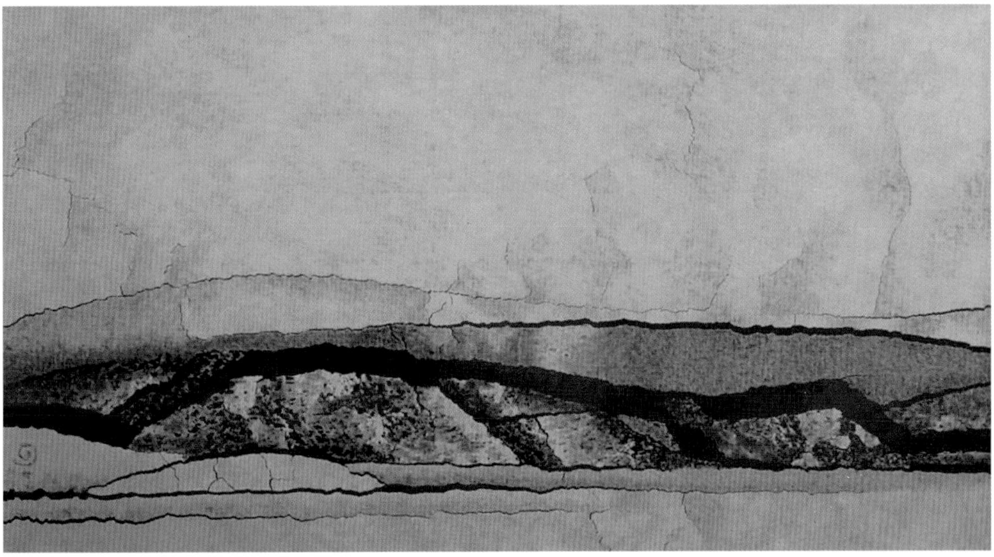

裂变—山景
1992–1993 年
82 × 141cm
宣纸，丙烯色，布

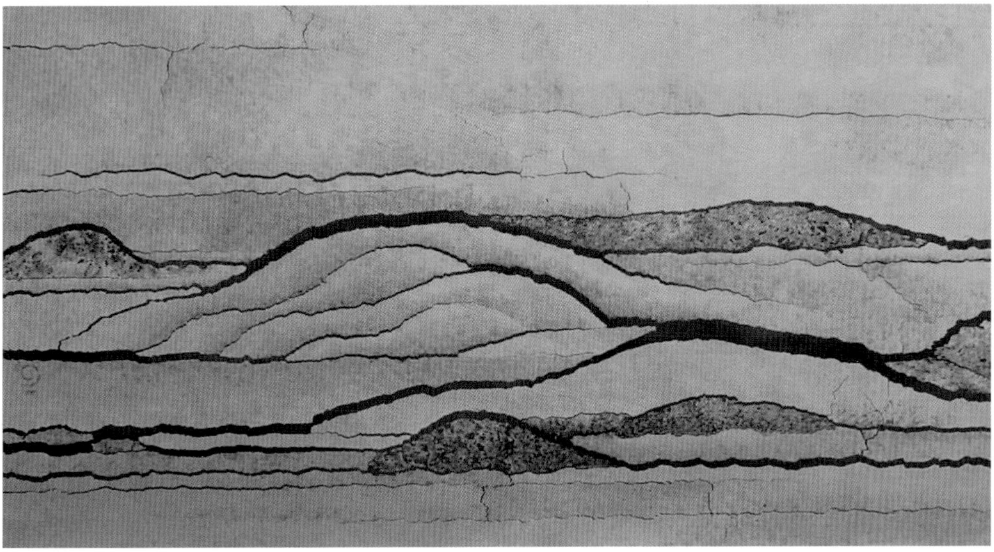

裂变—山景
1992–1993 年
82 × 141cm
宣纸，丙烯色，布

裂变（三联画系列）
1995–1996 年
244 × 152 × 3
水墨，丙烯色，宣纸，红印泥，画布

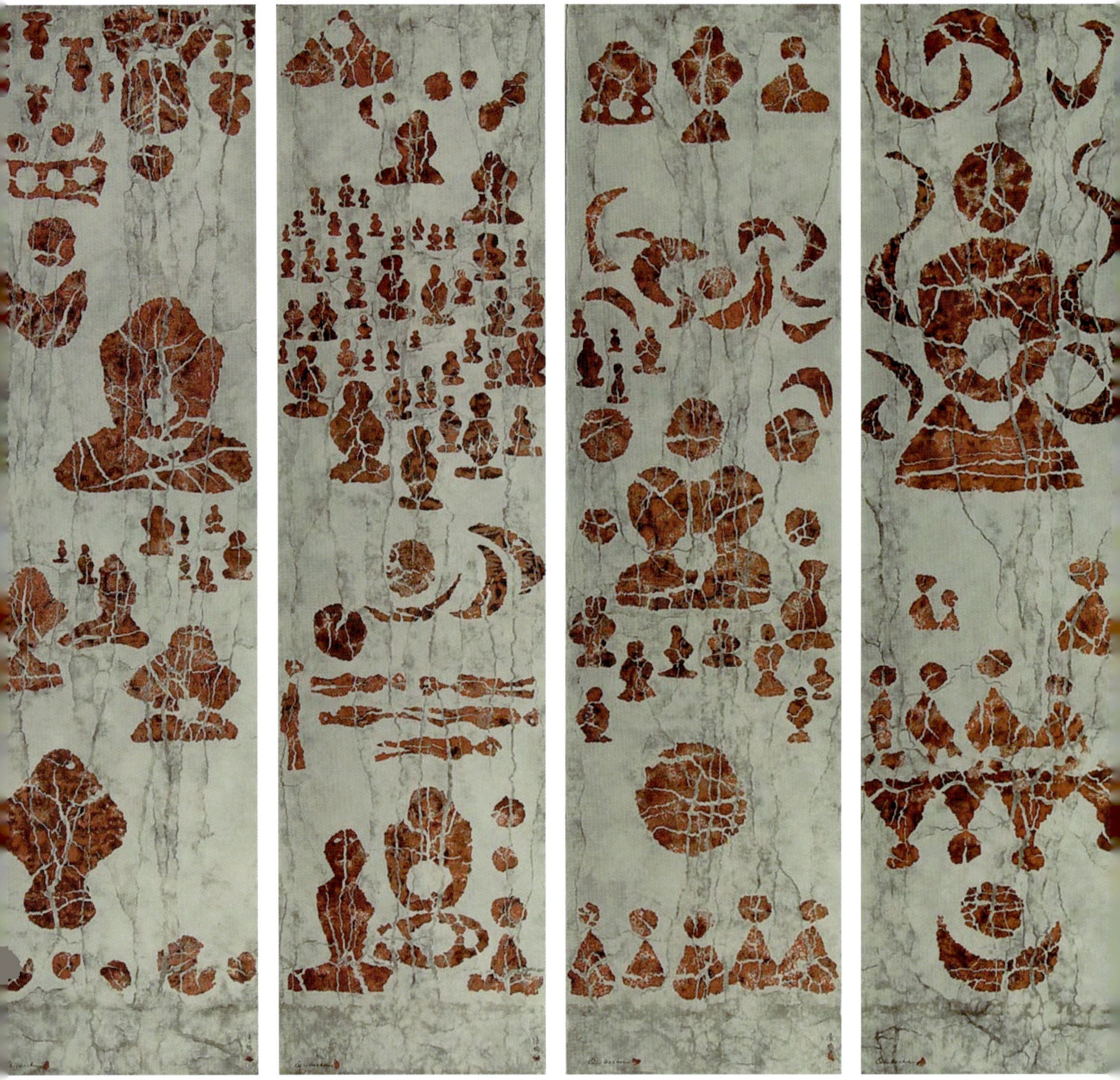

裂变—本源—壮美 (8 联屏)
1992–1993 年
51 × 196cm × 8
水墨，红印泥，宣纸，画布

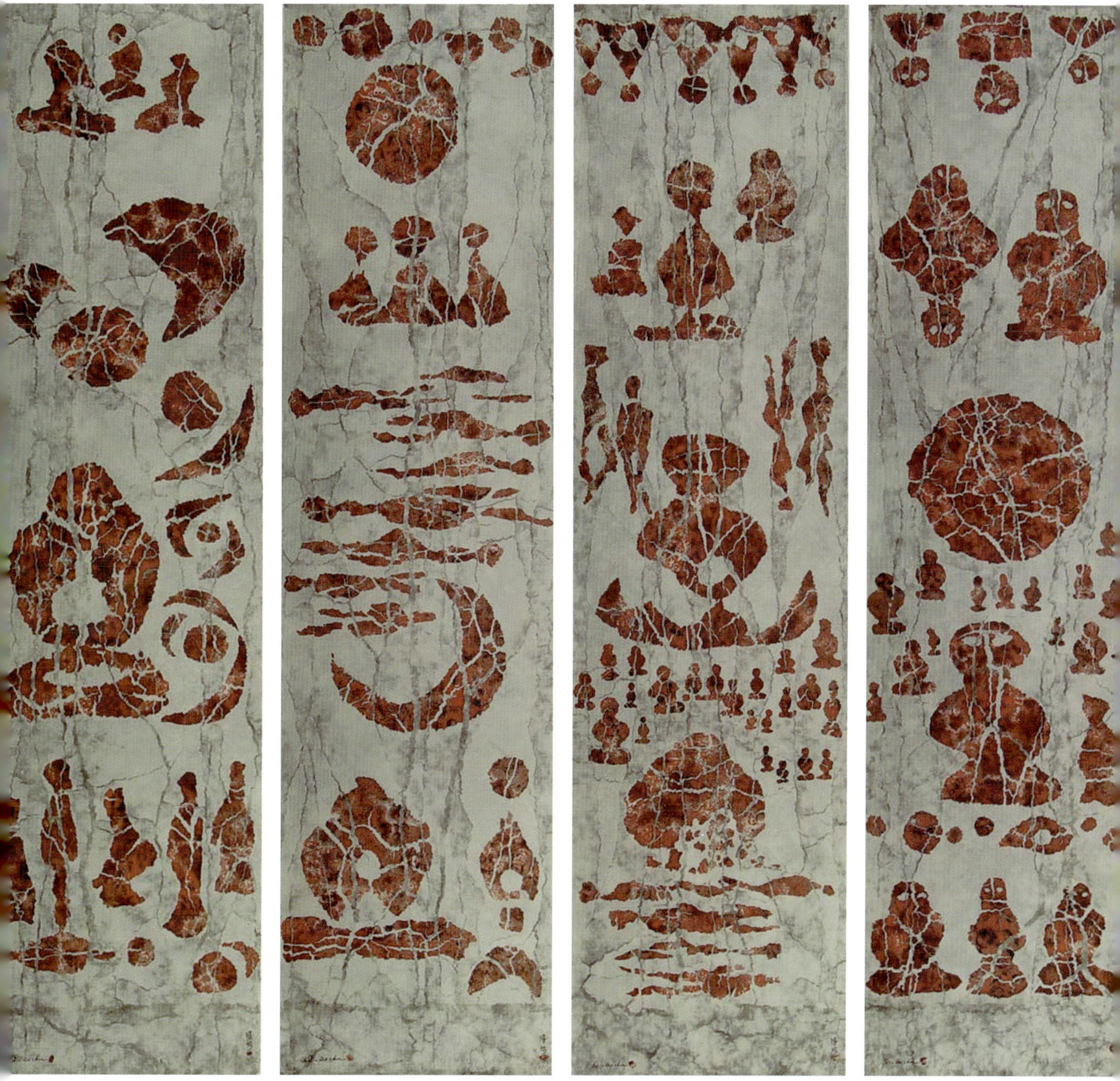

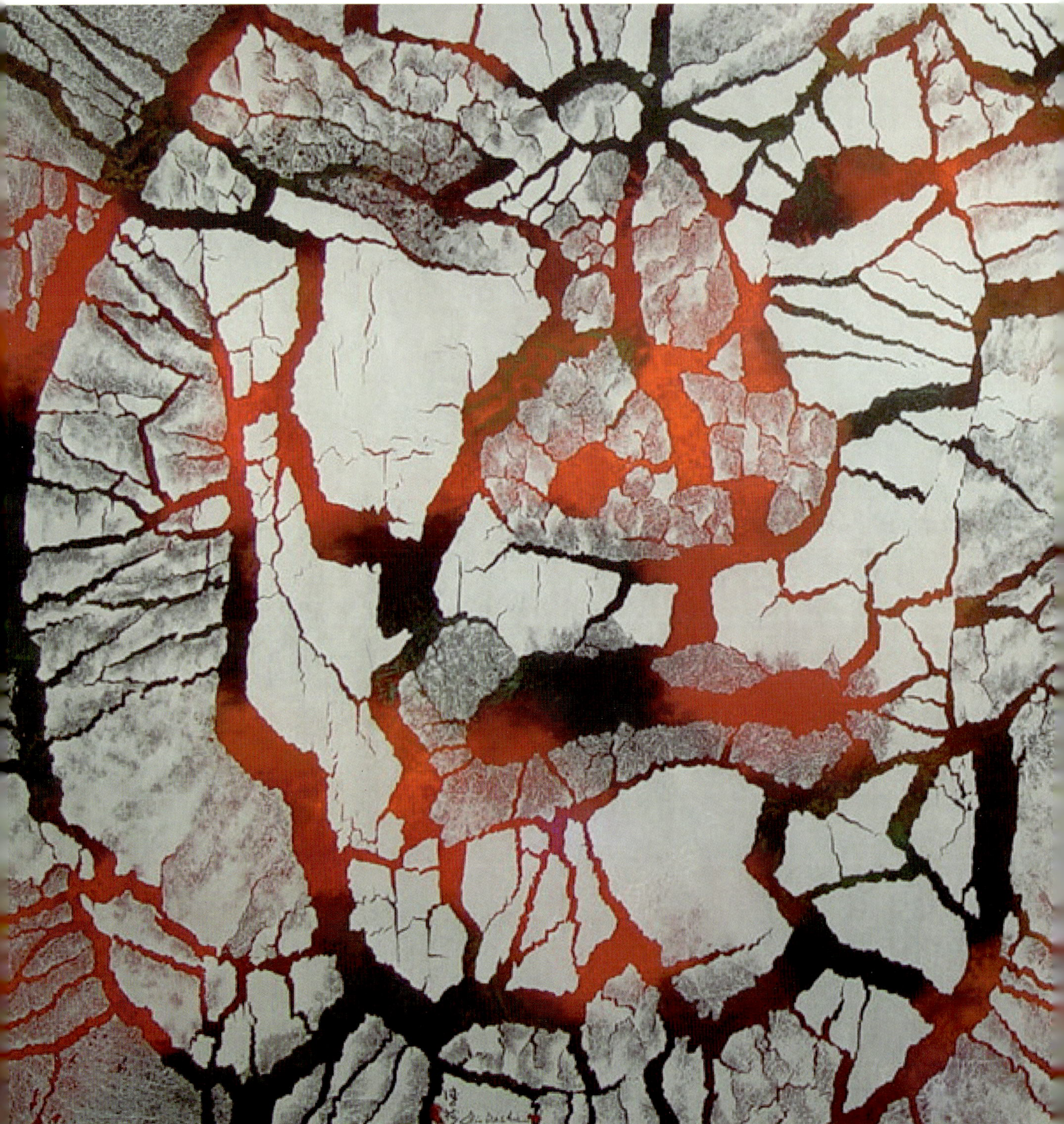

裂变—精神自画像系列
1994 年
150 × 232cm
丙烯色，宣纸，画布

裂变—精神自画像
1994 年
244 × 148cm
丙烯色，宣纸，画布

裂变—精神自画像
1995 年
244 × 152cm
红印泥，水墨，宣纸，画布

裂变—仙景 （8 联屏）
2007–2008 年
298.5 × 115.5cm × 8
丙烯色，宣纸，画布

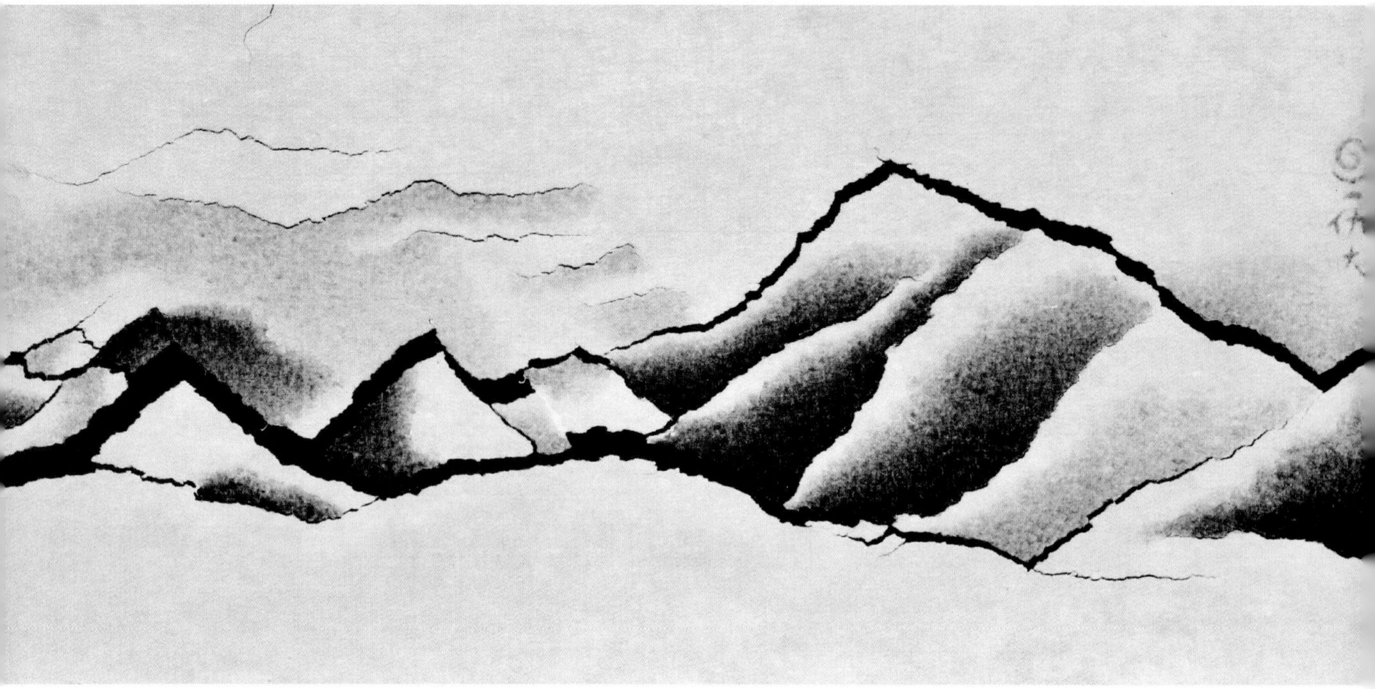

裂变—平坡咏空
2002 年
44.5 × 95cm
丙烯色，宣纸，画布

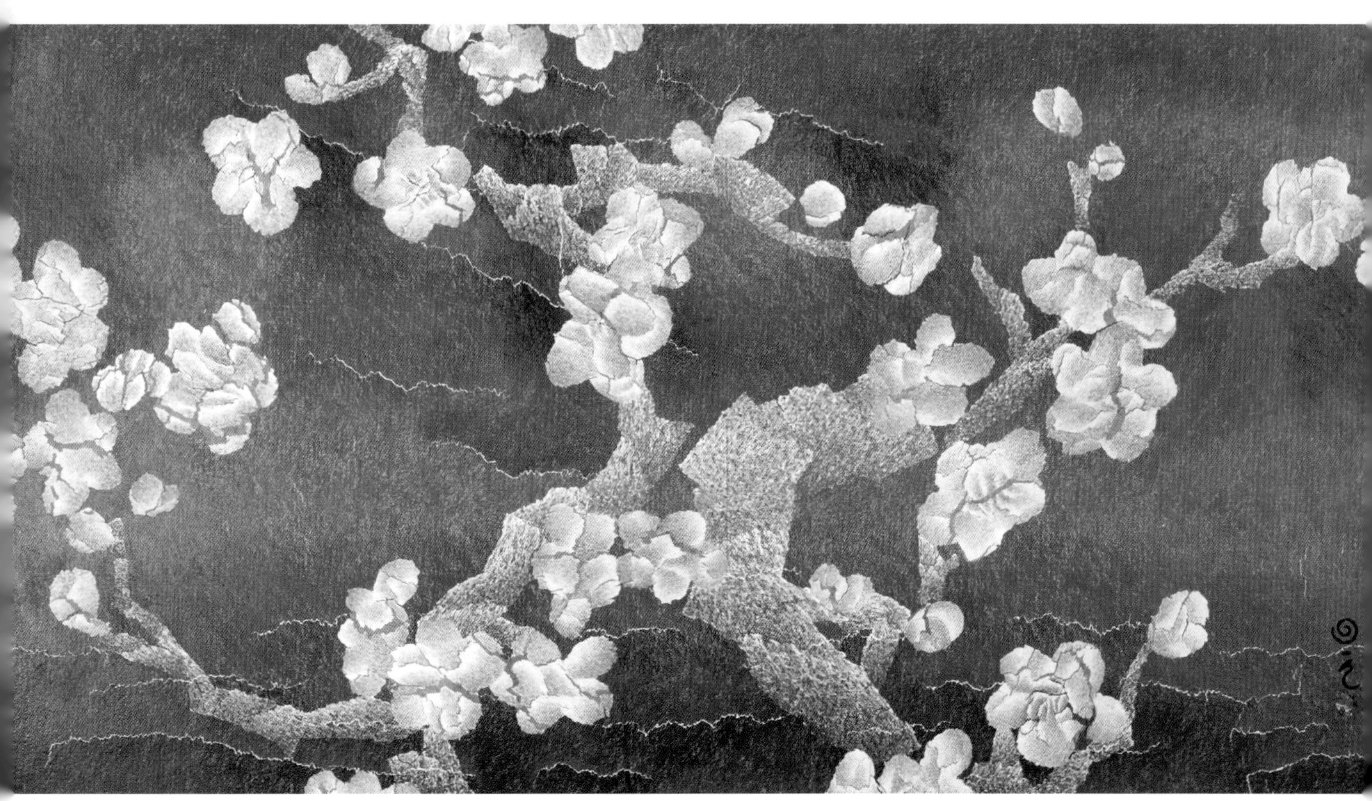

裂变—傲霜
2005 年
97 × 181cm
宣纸，丙烯色，画布

荷花三弄
2001 年
250 × 122 cm × 3
宣纸，丙烯色，画布

裂变—山水（祥云清泉）
2008-2009 年
60.5 × 152cm
宣纸，丙烯色，画布

裂变—风雨生（2联屏）
2007-2009年
299 × 115cm × 2
丙烯色，宣纸，画布

裂变—遥观海天
2002 年
88.5 × 59.5cm
丙烯色，宣纸，画布

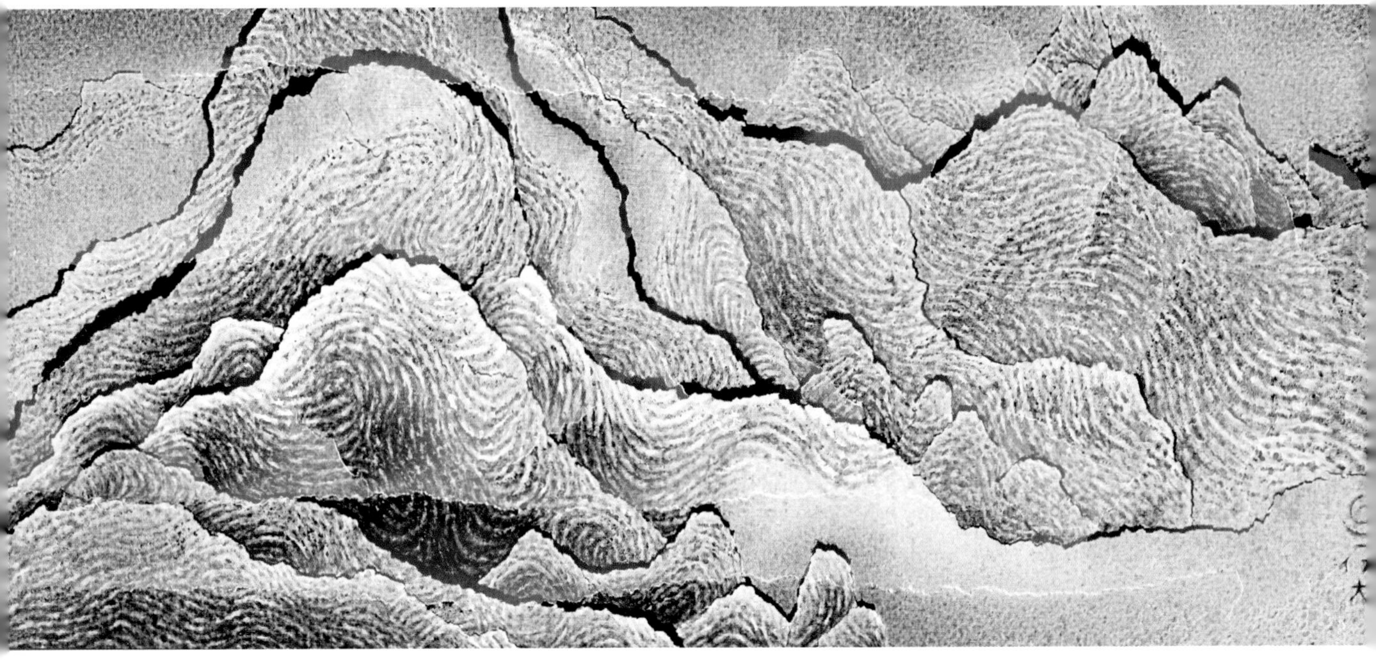

裂变—山水
2003–2008 年
56 × 127cm
丙烯色，宣纸，画布

裂变—山水
2003-2005 年
180 × 180cm
丙烯色，宣纸，画布

裂变—山水洁雪
2009 年
201.5 × 119.5cm
宣纸，丙烯色，画布

裂变—山水（天行健）
2004–2008 年
244 × 122cm
宣纸，丙烯色，画布

裂变—山水
2005 年
150 × 280cm
宣纸，丙烯色，画布

裂变—山水
2010 年
100 × 100cm
丙烯色，宣纸，画布

裂变—山水叠翠
2004–2005 年
366 × 180cm
宣纸，丙烯色，画布

裂变—关山叠嶂
2001 年
347.5 × 175cm
宣纸，丙烯色，画布

裂变—红岩暖雪
2011 年
238 × 100cm
宣纸，丙烯色，画布

裂变—山水
（峻岭 3 联屏）
2004 年
350 × 180cm × 3
宣纸，丙烯色，画布

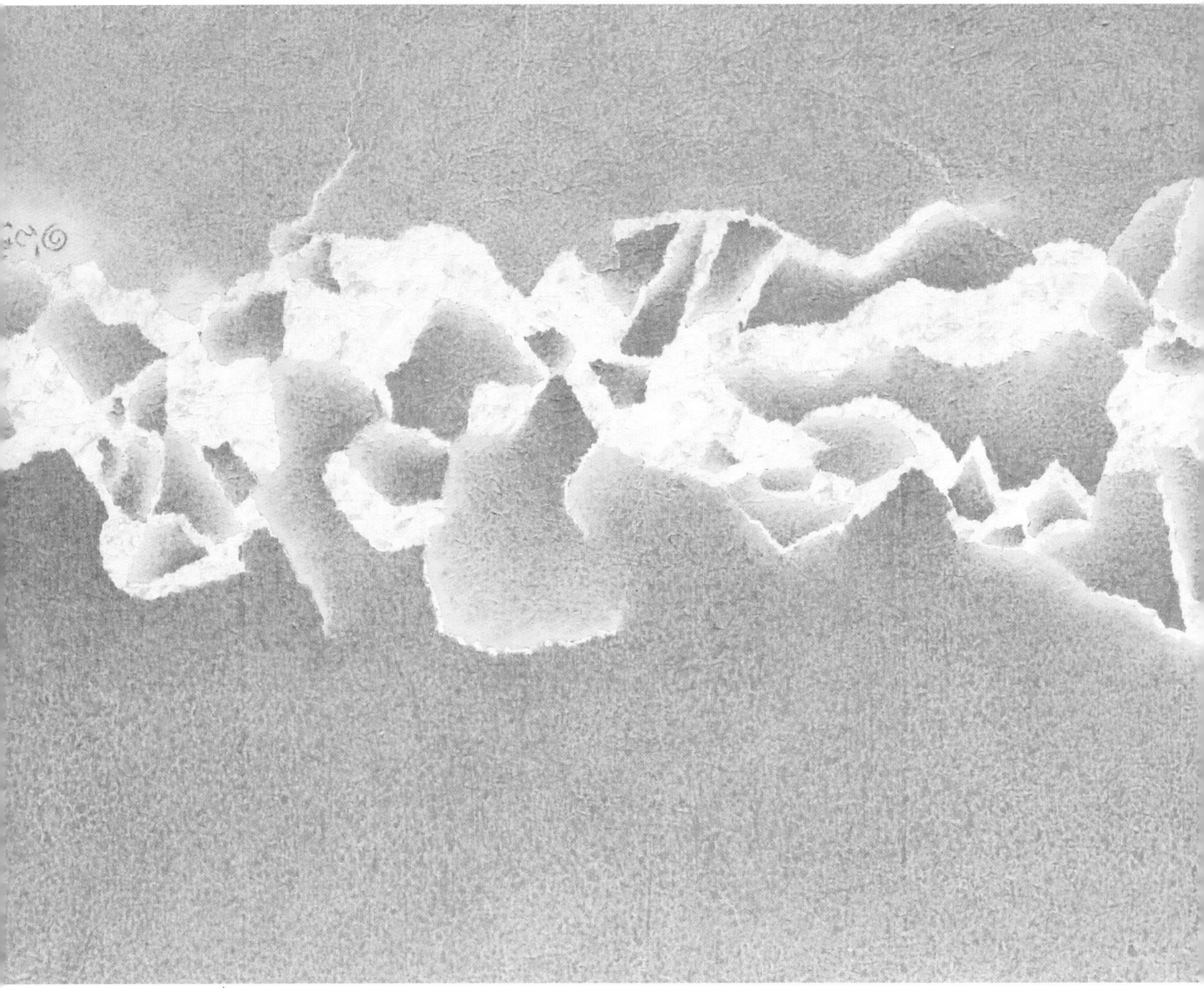

精神裂变—色界裂变系列
2009 年 2 号
120 × 300cm
宣纸，丙烯色，画布

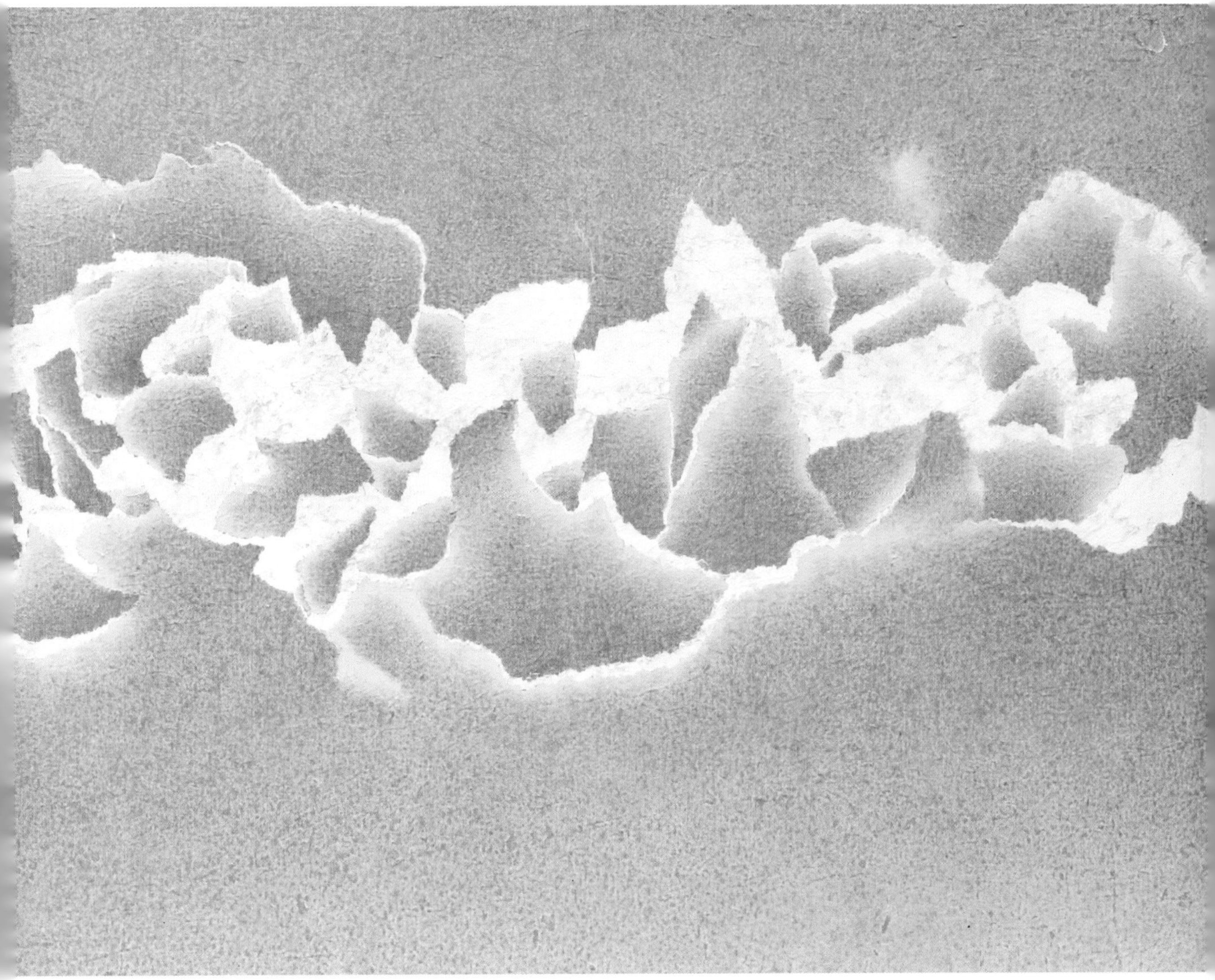

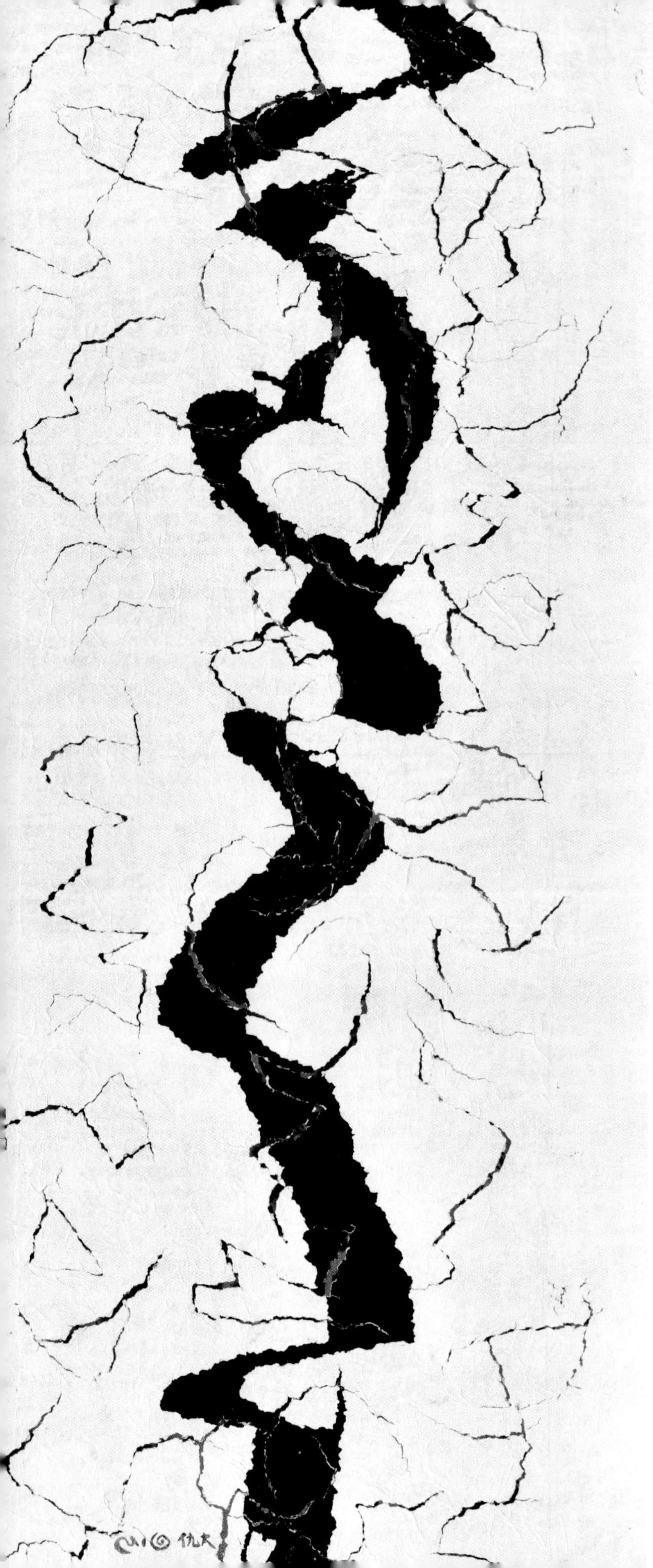

精神裂变—色界裂变系列
20011 年 2 号
120 × 300cm
宣纸，丙烯色，画布

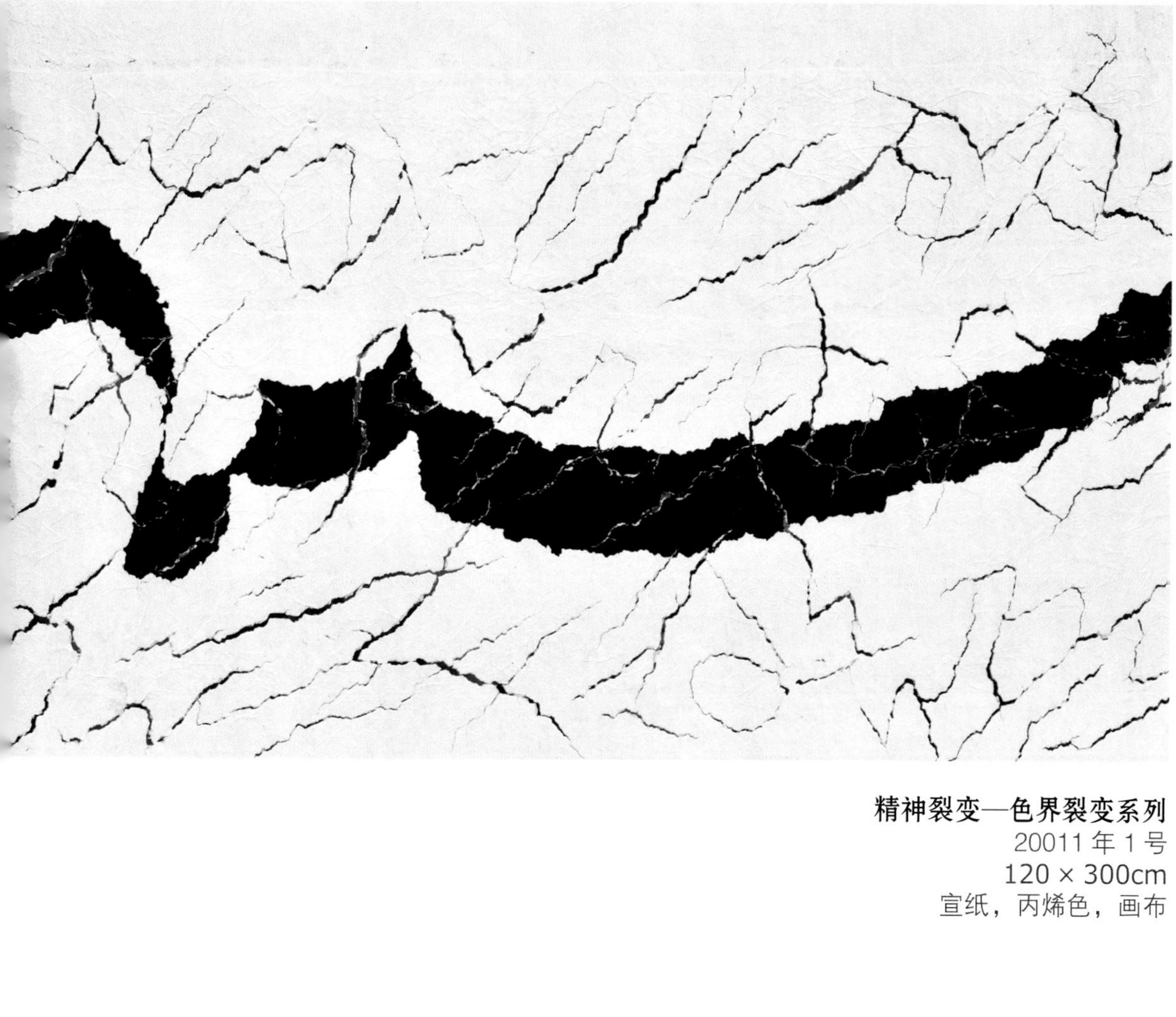

精神裂变—色界裂变系列
20011 年 1 号
120 × 300cm
宣纸，丙烯色，画布

裂变—山水
（闲云叠嶂）
2006-2008 年
150 × 84cm × 3
宣纸，丙烯色，画布

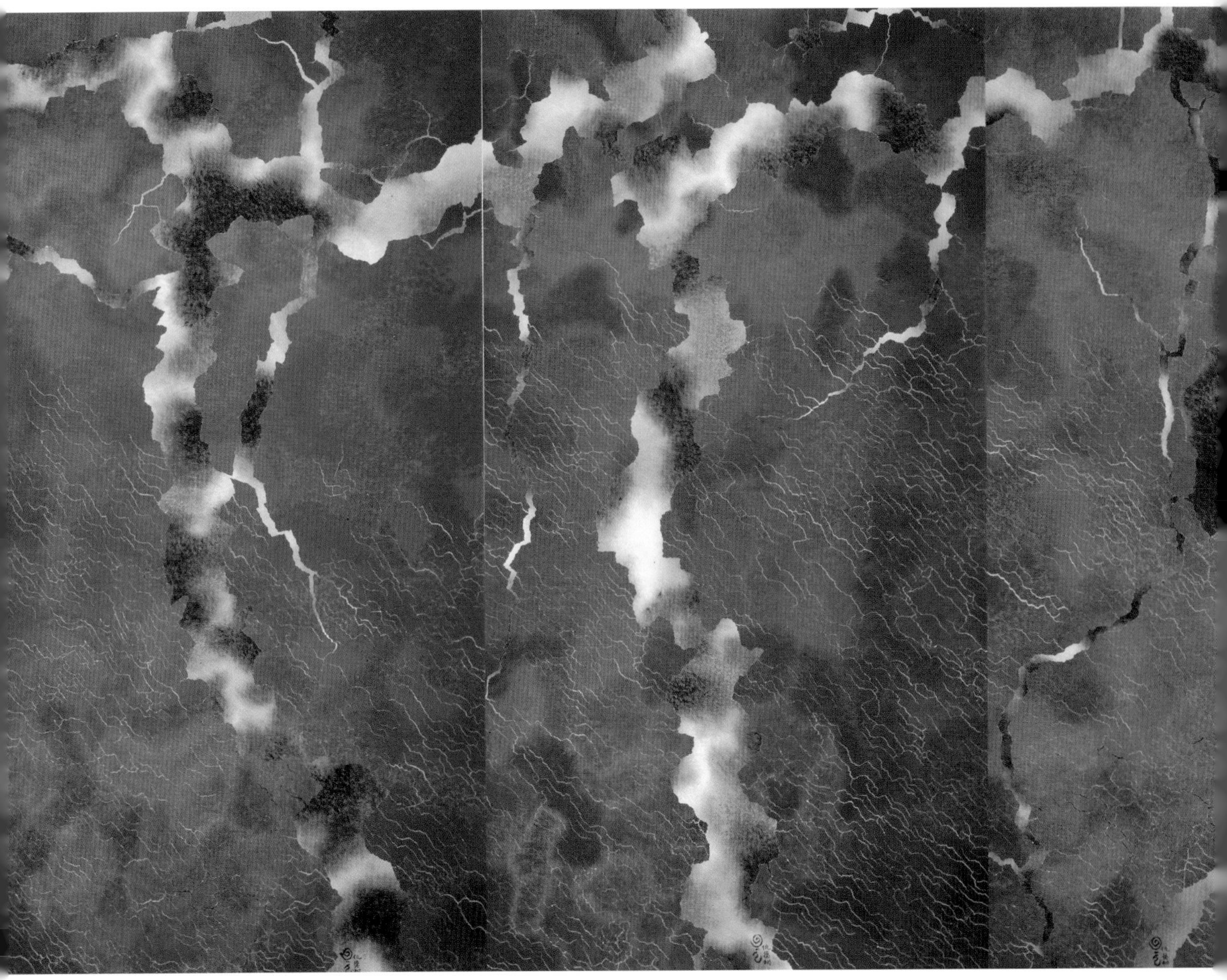

裂变 (5 联屏)
2004–2007 年
402 × 222cm × 5
宣纸，丙烯色，画布

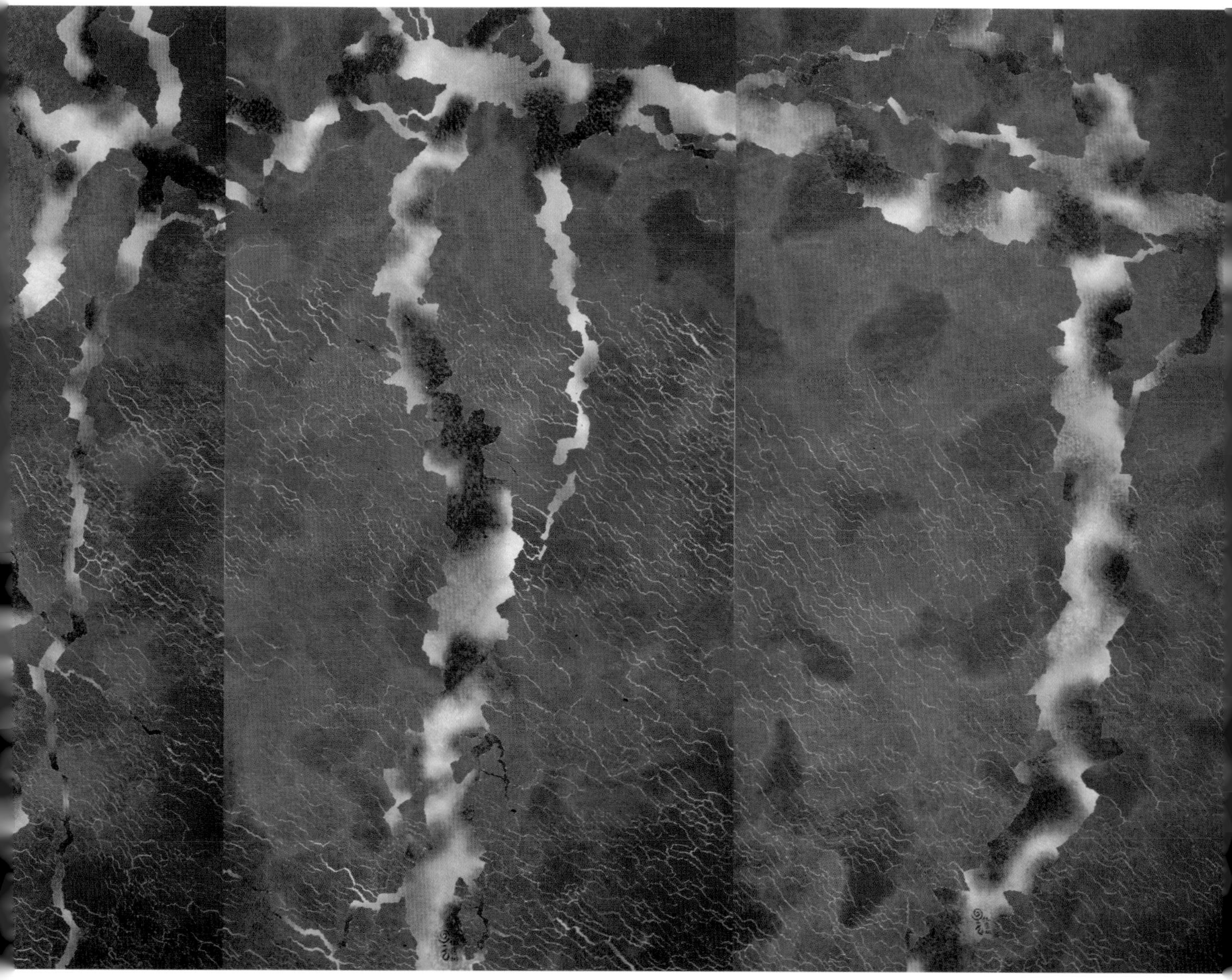

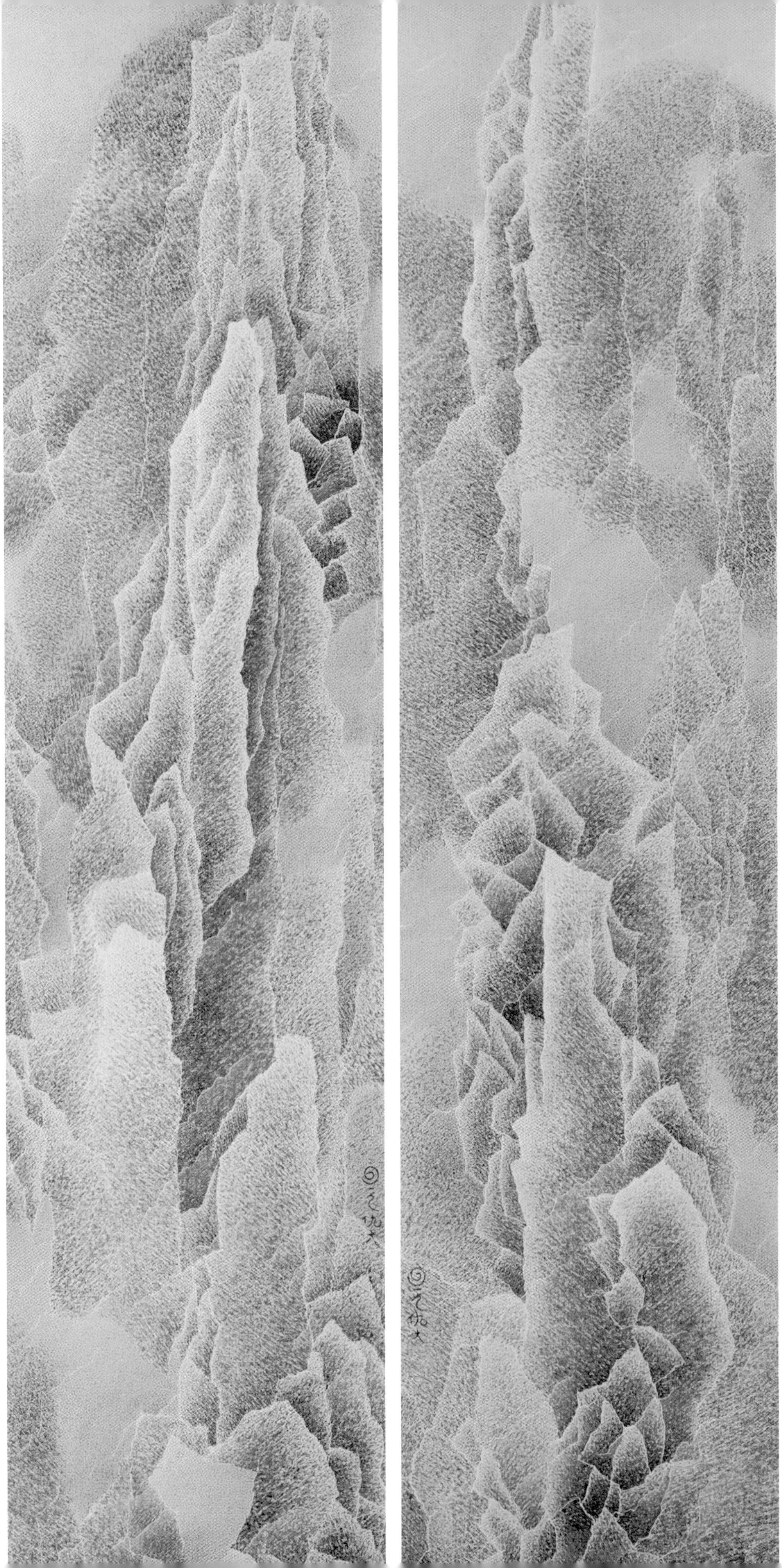

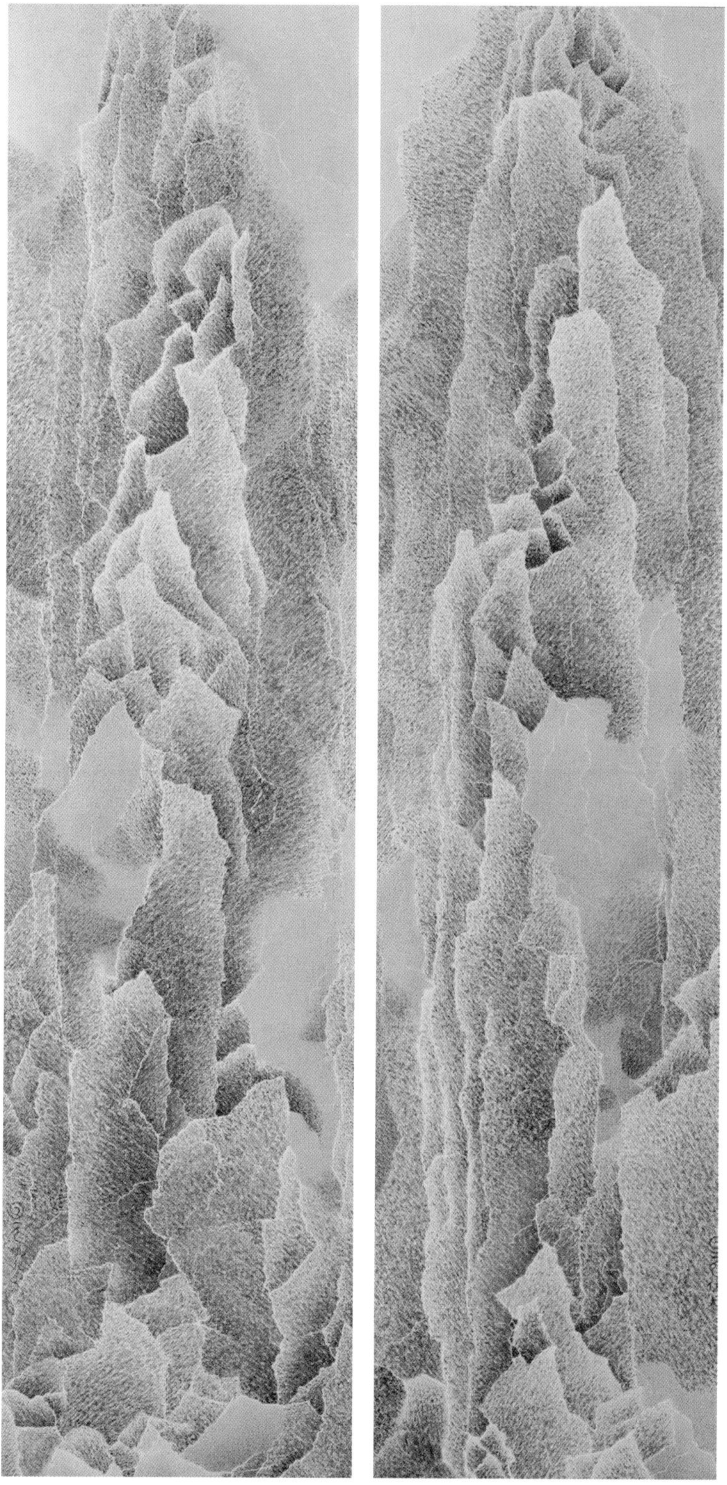

裂变—峻岭（四联屏）
2006–2010
360 × 90cm × 4
宣纸，丙烯色，画布

裂变—辉煌
2005-2010 年
58 × 120cm
宣纸，丙烯色，画布

裂变—翠灿
2007-2011 年
180 × 200cm
宣纸，丙烯色，画布

裂变—红岩
2010-2011 年
110 × 110cm
宣纸，丙烯色，画布

裂变—聚彩
2010-2011 年
182 × 182cm
宣纸，丙烯色，画布

裂变—山水
2010 年
110 × 110cm
宣纸，丙烯色，画布

裂变—山水
2010-2011 年
160 × 160cm
宣纸，丙烯色，画布

裂变—山水
2010 年
100 × 100cm
宣纸，丙烯色，画布

裂变— 生命
2009-2010 年
300 × 122cm × 5
宣纸，丙烯色，画布

文明史即是伤裂史 1 号
2008–2009 年
400 × 108cm
宣纸，丙烯色，画布

文明史即是伤裂史 7 号
2008–2010 年
78 × 200cm
宣纸，丙烯色，画布

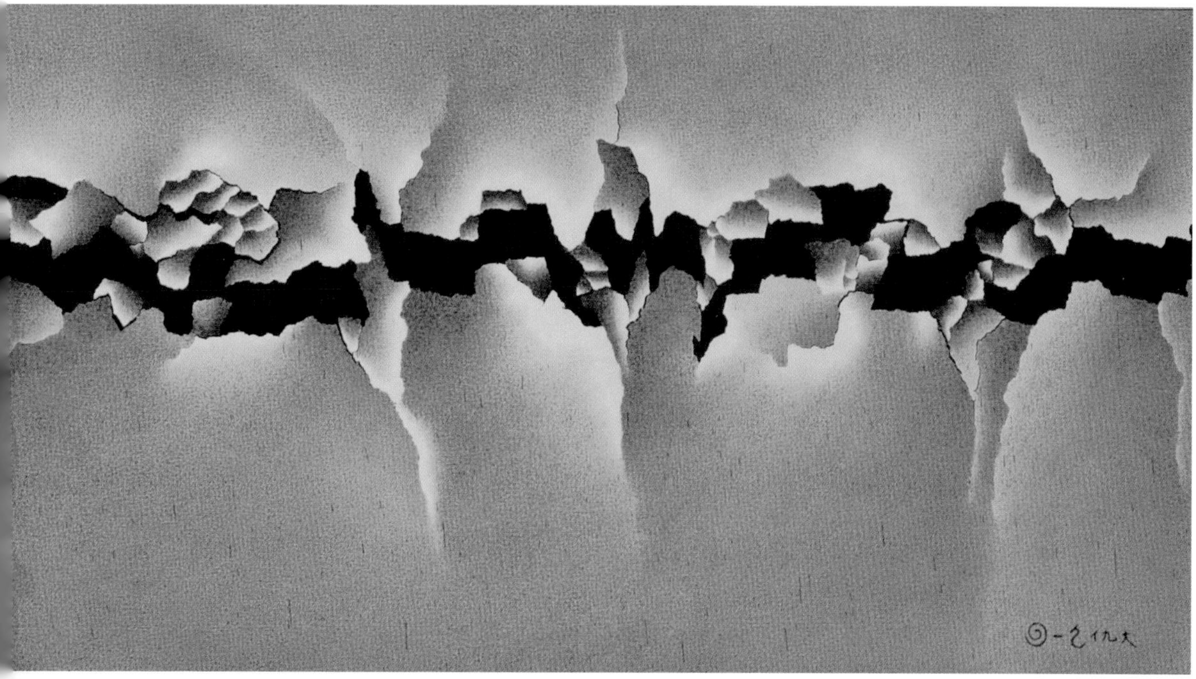

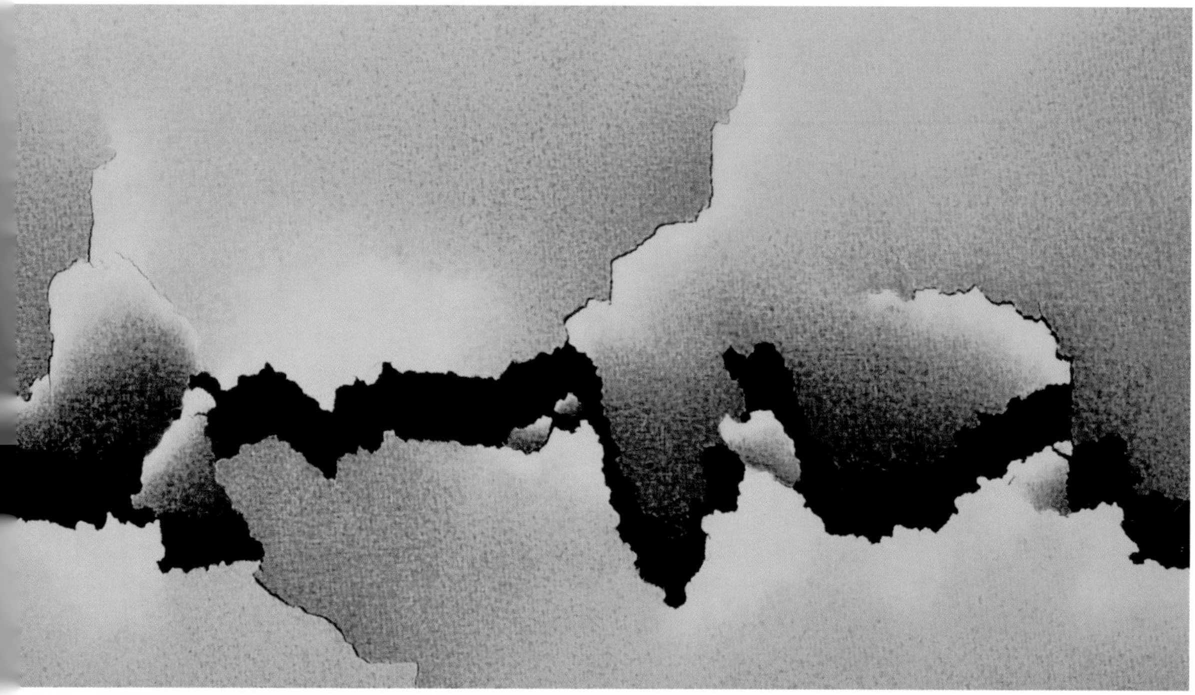

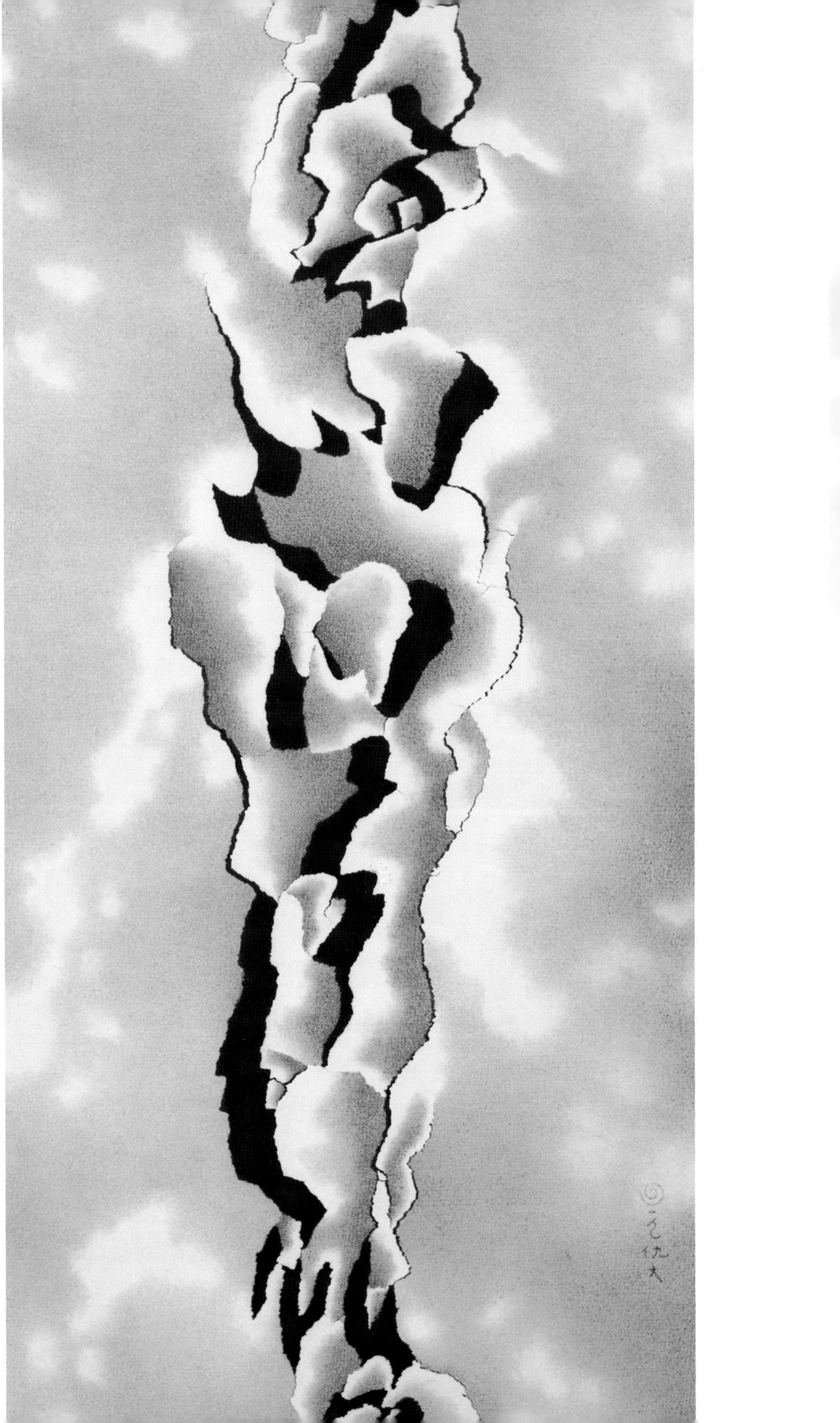

精神裂变—色界裂变 1 号
2009-2010 年
120 × 240cm
宣纸，丙烯色，画布

精神裂变—色界裂变 2 号
2009-2010 年
240 × 120cm
宣纸，丙烯色，画布

裂变—记念碑 2 号
2010 年
220 × 400cm
宣纸，丙烯色，画布

2010

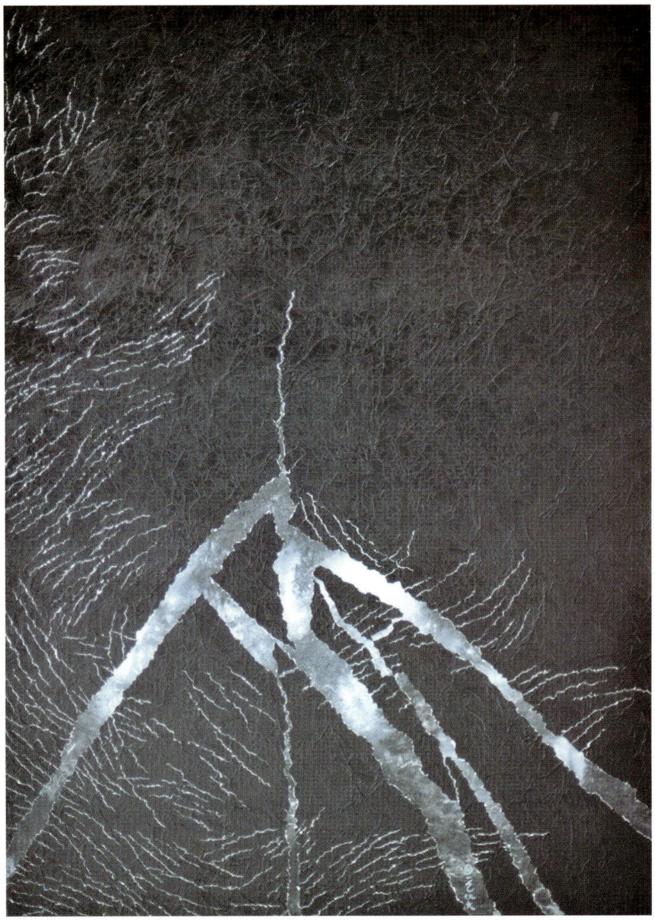

裂变—精神与自然
2009–2011 年
240 × 180cm
宣纸，丙烯色，画布

裂变—山水聚彩
2011–2012 年
160 × 120cm × 2
宣纸，丙烯色，画布

裂变—晨辉
2009-2010 年
200 × 400cm
宣纸，丙烯色，画布

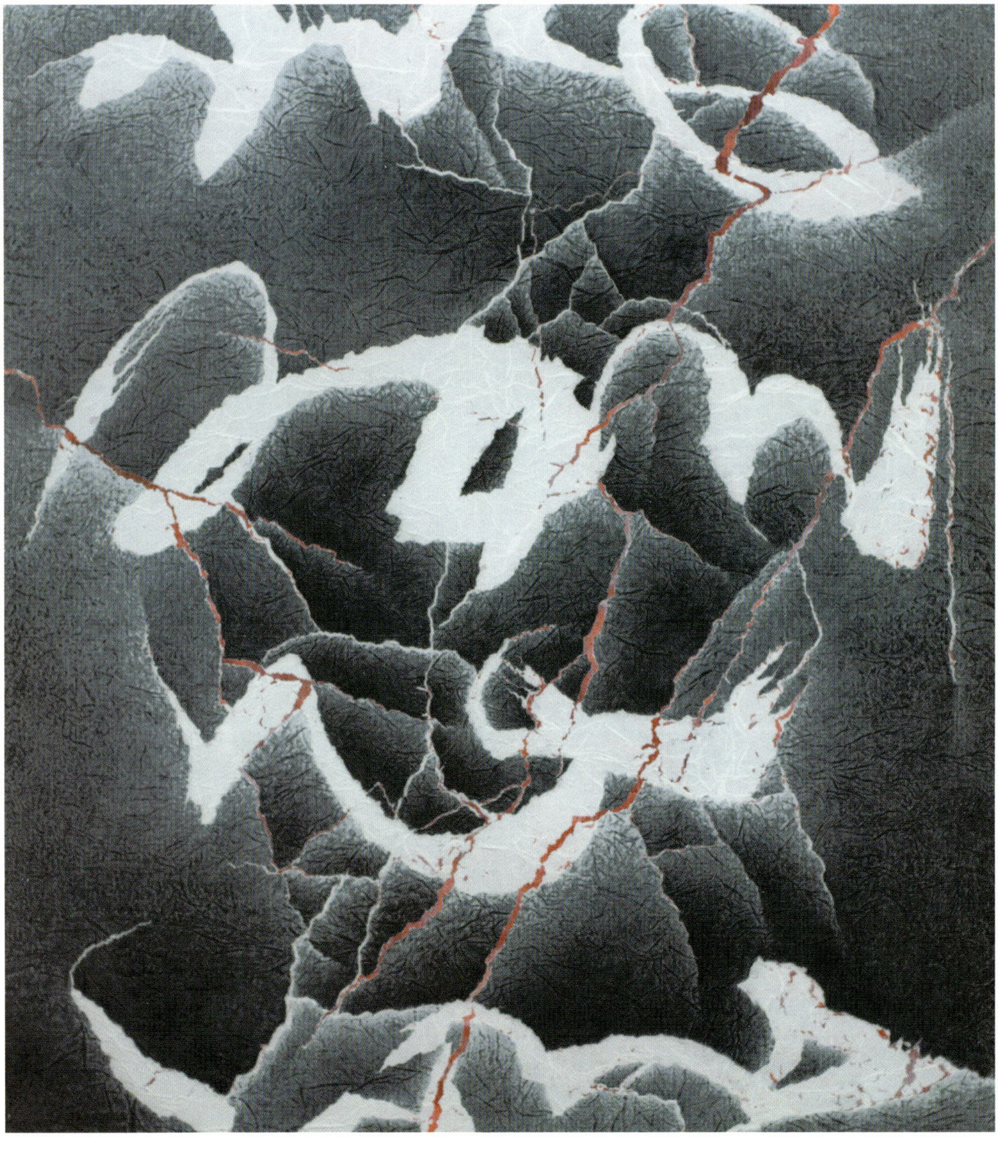

裂变—纪念碑 3 号
2010 年
220 × 240cm
宣纸，丙烯色，画布

精神裂变—色界裂变系列 4 号
2010 年
122 × 244cm
宣纸，丙烯色，画布

精神裂变—色界裂变山景系列 1 号
2007–2008 年
121 × 243cm
宣纸，丙烯色，画布

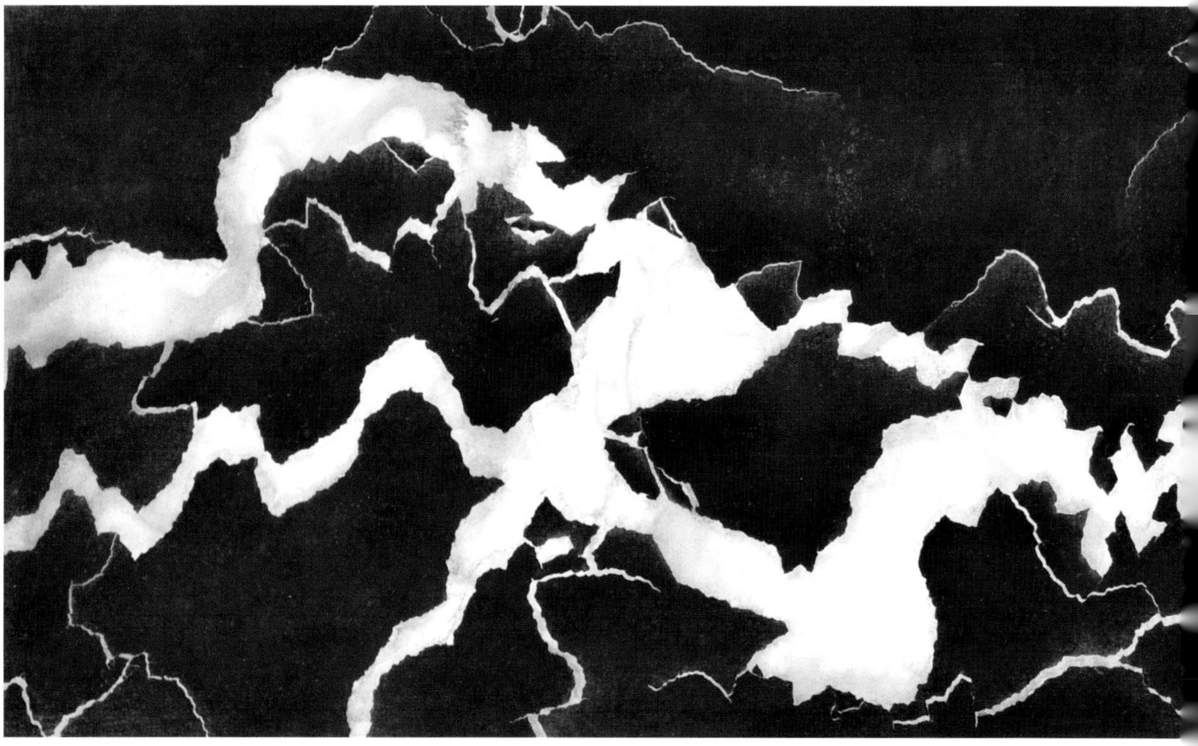

裂变—从时空到心灵系列 3 号
2010 年
400 × 122cm
宣纸，丙烯色，画布

裂变—山水（绿调）
2009-2010 年
400 × 280cm
宣纸，丙烯色，画布

裂变—山水（红调）
2009-2010 年
400 × 280cm
宣纸，丙烯色，画布

裂变—山水
2008–2009 年
405 × 222cm × 2
宣纸，丙烯色，画布

裂变—荒原
2005–2009 年
121 × 243cm
宣纸，丙烯色，画布

裂变—山水
2012 年
100 × 90cm
宣纸，丙烯色，画布

裂变—山水
2012 年
200 × 90cm × 3
宣纸，丙烯色，画布

裂变—山水
2012 年
280 × 200cm
宣纸，丙烯色，画布

裂变—山水
2012 年
200 × 90cm × 3
宣纸，丙烯色，画布

裂变—山水
2012 年
280 × 200cm
宣纸，丙烯色，画布

裂变—山水
2012 年
280 × 200cm
宣纸，丙烯色，画布

裂变—祥云清泉
2007–2012 年
100 × 360cm
宣纸，丙烯色，画布

裂变
2010–2012 年
40 × 28cm × 3
砖片，玻璃，灯，布，丙烯色

破裂—重生（雕塑）
2012 年
112 × 28 × 28cm
砖，镜，等

裂之魂
2012 年 6 号
60 × 112cm
宣纸，丙烯色，画布

裂之魂
2012 年 2 号
60 × 122cm
宣纸，丙烯色，画布

裂之魂

2012 年 4 号

60 × 122cm

宣纸，丙烯色，画布

裂之魂
2012 年 3 号
60 × 122cm
宣纸，丙烯色，画布

裂之魂
2012 年 5 号
60 × 122cm
宣纸，丙烯色，画布

精神裂变—色界裂变
（山景系列）
2012 年 1 号
121.5 × 60cm
宣纸，丙烯色，画布

裂变—动力山水
2010-2012 年 1 号
122 × 205cm
宣纸，丙烯色，画布

裂变—动力山水
2010–2012 年 6 号
60 × 200cm
宣纸，丙烯色，画布

裂变—动力山水
2010–2012 年 3 号
60.5 × 121.5cm
宣纸，丙烯色，画布

裂变—动力山水
2010–2012 年 7 号
100 × 240cm
宣纸，丙烯色，画布

裂变—动力山水
2010-2012 年 2 号
100 × 220cm
宣纸，丙烯色，画布

裂变—动力山水
2010–2012 年 7 号
100 × 240cm
宣纸，丙烯色，画布

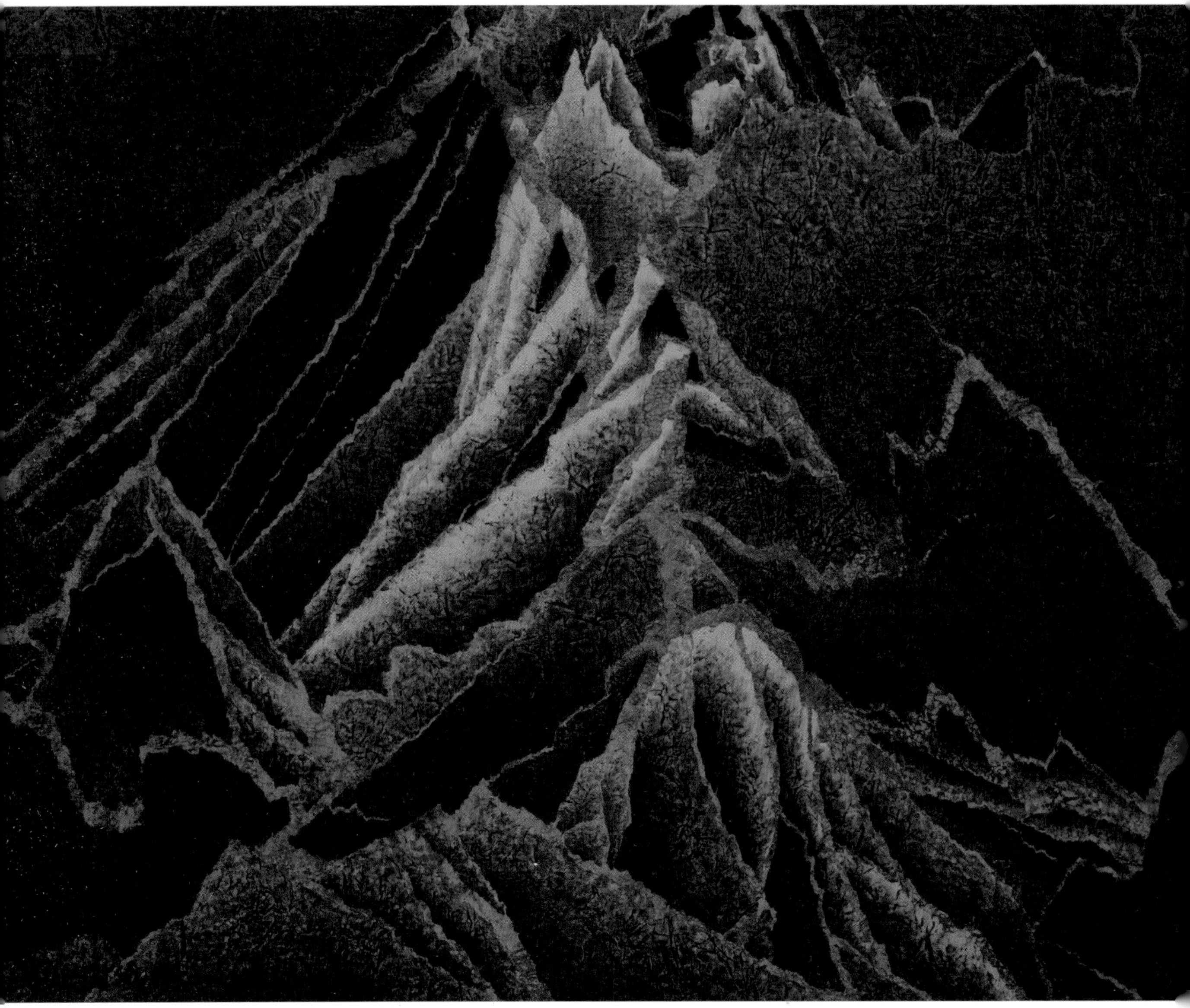

裂变—山水
2009-2010 年
120 × 150cm
宣纸，丙烯色，画布

图书在版编目（CIP）数据

“裂变”的世界/ 武佩珧，朱金晨著 .
— 上海 : 文汇出版社, 2013.1
（艺术家画传）
ISBN 978-7-5496-0748-8

Ⅰ. ①仇… Ⅱ. ①武… ②朱… Ⅲ. ①仇德树—传记
—画册 Ⅳ. ①K825.72-64

中国版本图书馆CIP数据核字(2012)第295308号

仇德树画传

“裂变”的世界

主编／桂国强 陈平
执行主编／朱金晨

绘画／仇德树
文字／朱金晨 武佩珧
责任编辑／何璟
装帧设计／张晋

出版发行／文匯出版社（上海市威海路755号 邮编200041）
经销／全国新华书店
印刷装订／上海锦佳印刷有限公司
版次／2013年2月第1版
印次／2013年2月第1次印刷
开本／889 × 1194 1／16
印张：14.75
ISBN 978-7-5496-0748-8
定价：280.00元

乐智小天地

宝宝版

ISBN 978-7-5072-1806-0

乐智小天地（宝宝版）

宝宝身体棒

1~2岁适用

儿童挑战项目组 编

中国福利会出版社

小乐智小天地 宝宝版

宝宝身体棒

让宝宝了解看病的过程、用具和作用，减少对看病的恐惧。

亲子体操

亲子游乐园

“唱游一刻”使用噢

180 × 210mm，14页 + 亲子体操海报。

特点：配合DVD的特别单元，直观有趣地介绍适合1~2岁宝宝的各种亲子游戏。

读本

200 × 203mm，共40页。

特点：让宝宝用体温计、药水等卡片来照顾生病的巧虎。

故事小屋

小火车旅行记

140 × 210mm，共12页。

特点：爬上山坡，冲入大海，穿过彩虹，飞上月亮——演绎一段小火车的神奇之旅。

巧虎DVD

约22分钟，12个单元。

另附：特别附录“唱游一刻”10分钟。

“商品特色介绍”3分钟。

特点：花儿开、蝴蝶飞，让宝宝感受春天的盎然生机。

亲子玩具

欢乐动物转盘

包括：转盘1个，动物积木5个，巧虎积木1个。

特点：在有趣的游戏中，拓展认知，锻炼手部灵活性，增进亲子交流。

责编寄语

也是一种学习

宝宝一直健健康康的，多好！可是再健康的宝宝，也难免要伤风感冒吧。生病、就医，也是一种学习：从不适应到适应，对宝宝来说，这就是一种学习，它能使宝宝的心理一点一点成熟起来。

图书在版编目（CIP）

宝宝身体棒/儿童挑战项目

（乐智小天地．宝宝版）

1~2岁适用

ISBN 978−7−5072−1806−

Ⅰ.①宝… Ⅱ.①儿… Ⅲ.

中国版本图书馆CIP数据核

版权登记：图字 09-2012-

© Benesse Corporation 201

All rights reserved under Ben

Benesse Corporation's perm

中国福利会出版社《乐智

电话：800-820-5099（固

传真：800-820-8299

中文版专有出版发行权属

责任编辑：凌春蓉

出版发行：中国福利会出

地　　址：上海市常熟路1

邮政编码：200031

电　　话：021-64373790

传　　真：021-64373790

印　　刷：上海永丰余印

ISBN 978−7−5072−1

源文字，
艺术？

灿烂的书法艺术

中国书法(Chinese calligraphy)是汉字的书写艺术，它不仅兼具艺术性与实用性，而且传承了华夏文明和中国文化的生命，表现了中华民族的智慧和人格性情。

中国历代浩瀚的书法墨宝，展现了中国书法幻化无限的魅力，令世人赞叹不已。

散氏盘（金文）（西周）

商周时期称铜为“吉金”，因此把刻在青铜器上的铭文称为“金文”，又称“钟鼎文”。金文风格各异，著名的有《大盂鼎》、《毛公鼎》、《散氏盘》等。

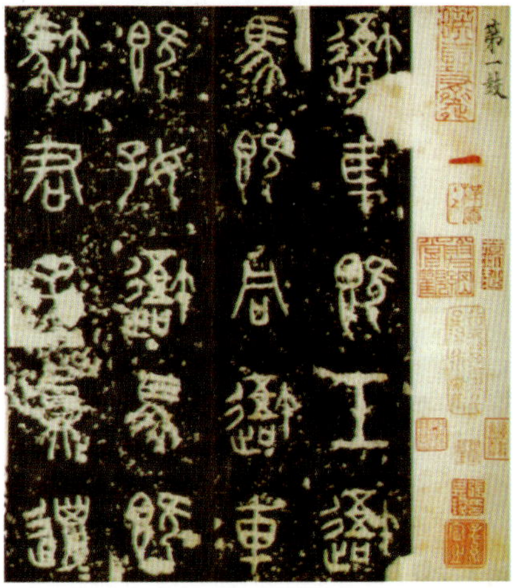

石鼓文（大篆）（局部）（春秋战国）

石鼓文是我国最早的石刻文字，刻在十个鼓状石上，每鼓各刻一首四言诗，内容是记载秦国君主游猎情况。石鼓文线条圆整典雅、古朴雄浑、率真大气。

)
骨上的文
多年的历
字，由自

)
相李斯把当时各地多样
就是“小篆”。小篆字体
通，间距均匀，屈伸自

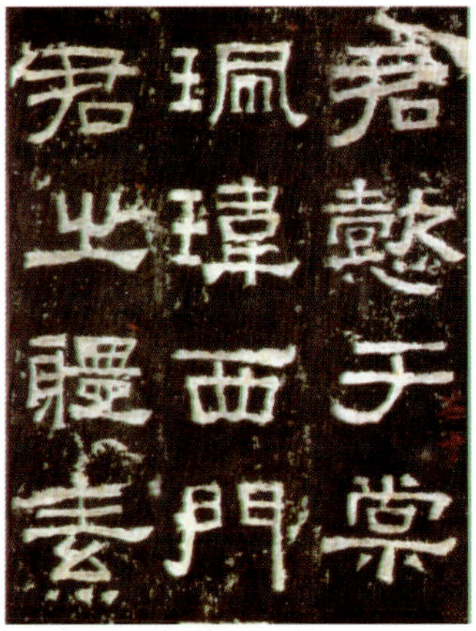

张迁碑（隶书）（局部）（汉）

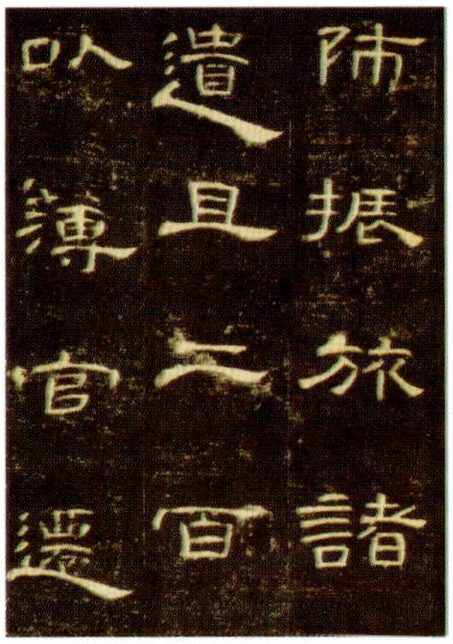

曹全碑（隶书）（局部）（汉）

隶书字形扁平，左右舒展；横笔收笔处有燕尾状的波磔(zhé)，故有“蚕头燕尾”之说。《张迁碑》方拙朴茂，《曹全碑》飘逸流美。

屋梁装饰浮雕（木雕，清

传统浮雕的主
另一种是塑造后翻

刻：在石膏块、肥皂

我们的作品

塑：用造型土、橡皮

我们的作品

、贴、磨、划、敲、
法，其目的都是设

速写　曹力

□ 还有些画家把一些看似毫不相干的事物组合在一个空间里，希望在画面上表现梦境、幻想或某种意念，即表现所谓的“梦幻空间”。中国古诗也用过这种手法，如：“古道西风瘦马”、“枯藤老树昏鸦”等；电影中也常用这种手法营造特殊的意境，叫做**“蒙太奇”**(montage)手法。你能举出这样的例子吗？

哥伦布之梦（油画,1958~1959

小窗口

小村庄

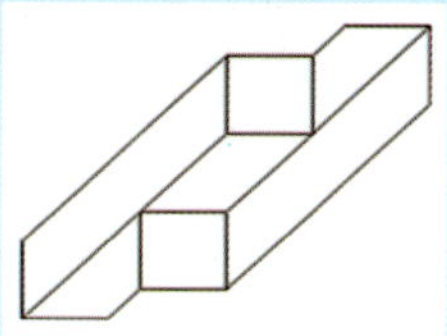

瀑布（铜版画，1961） M.C.埃舍尔

我们的作品

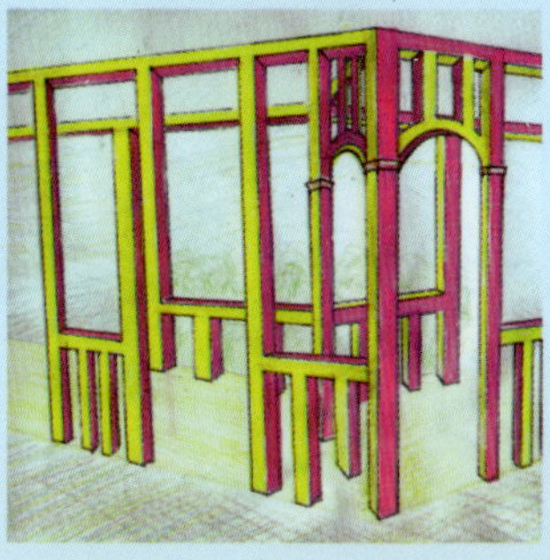

作业要

谈
幻空间
然
1.
作一幅
2.
一幅以
梦幻空
3.

材料箱

废
电脑等

拓展与

就
方式，